PENSAMIENTO HEREJE

J. Carlos da Costa

2015

Dedicado a todos los que siempre han estado aquí. Ellos saben quiénes son; no hace falta que los nombre. Mi pequeño sol, alrededor del cual giran mi convicción y mis ganas de luchar. Es por los niños blancos del presente, que merece la pena entregar la vida; para que, gracias a nuestra lucha y sacrificio, tengan un futuro mejor.

CONSTITUCIÓN ESPAÑOLA

Título I "De los derechos y deberes fundamentales"
Capítulo 2 "de los derechos y libertades"
Art. 16.1 Se garantiza la libertad ideológica, religiosa y de culto de los individuos y las comunidades sin más limitación, en sus manifestaciones, que la necesaria para el mantenimiento del orden público protegido por la ley.
Art. 16.2 Nadie podrá ser obligado a declarar sobre su ideología, religión o creencias.
Art. 20.1.a Se reconoce y protegen los derechos: A expresar y difundir libremente los pensamientos, ideas y opiniones mediante la palabra, el escrito o cualquier otro medio de reproducción.

CONSTITUCIÓN EUROPEA

Art. 2.71. Título II sobre libertades.
1. Toda persona tiene derecho a la libertad de expresión. Este derecho comprende la libertad de opinión y la libertad de recibir o comunicar informaciones o ideas sin que pueda haber injerencias de autoridades públicas y sin consideración de fronteras.
2. Se respetan la libertad de los medios de comunicación y su pluralismo.

"Exitus Acta Probat,
Et lux in tenebris Lucet"

Autor: J. Carlos Camelo da Costa

Título: Pensamiento Hereje

Editado: 2015

ISBN-13: 978-1507842690

ISBN-10: 1507842694

Número de Asiento Registral

de la Propiedad intelectual: LE-19-2015

ATENCIÓN:

Antes de leer la siguiente obra titulada Pensamiento Hereje, le conviene saber que:

- El autor y los editores del mismo condenan cualquier actuación negativa en la cual se utilice el nombre de esta obra.
- El autor y los editores del mismo condenan cualquier tipo de agresión o discriminación hacia algún colectivo por cuestiones de raza, sexo, ideología o credo.
- El autor y los editores del mismo afirman que defender a su raza, no significa odiar o discriminar a las demás.
- El autor y los editores del mismo afirman no creer en la superioridad racial de manera colectiva. Cada pueblo tiene sus virtudes y sus defectos.
- El autor y los editores del mismo condenan las persecuciones que se han sucedido en el pasado y que han sido motivadas por cuestiones raciales, ideológicas o religiosas.
- El autor y los editores del mismo defienden la libertad religiosa.
- El autor y los editores del mismo defienden que cada pueblo tiene derecho a decidir sobre su futuro.
- El autor y los editores del mismo creen en un verdadero estado democrático, que de voz a las minorías políticas con una representación justa; basada en cada voto y no en cuotas.
- El autor y los editores del mismo defienden la libertad de expresión y de conciencia.

- El autor y los editores del mismo condenan la represión civil, militar, judicial y social por cuestiones ideológicas, étnicas o religiosas.

- El autor y los editores del mismo se amparan en la Constitución Española (art 16.1, 16.2 y 20.1.A) y en la Constitución Europea (art. 2.71. TITULO 2) para ejercer su derecho a expresarse libremente.

PENSAMIENTO HEREJE

Introducción

¿Qué significa Pensamiento Hereje?

Desde que el mundo es mundo, la oscuridad que viene de la mano de la censura y la sinrazón ha intentado apagar la resplandeciente luz, de la llama aria, del pensamiento indoeuropeo. La verdad implícita en el espíritu blanco es la madre de todos los avances intelectuales que han aportado bienestar y desarrollo al género humano.

Por desgracia, la Libertad de Expresión es una especie en vías de extinción. Sufrimos la opresión de un régimen liberticida que acota, a golpe de decreto, nuestros espacios de debate en los medios de comunicación; en aras de alcanzar, por la fuerza, el sueño imperialista de los Amos del Pensamiento: el gulag global.

Esta tendencia represora se suele repetir cada cierto tiempo. Cuando las naciones y sociedades se vuelven perezosas en el plano intelectual, pero también en el físico; la mezquindad y la traición se terminan acomodando e instalando en lo más hondo de su psique grupal. Los sátrapas de turno, conocedores de todo tipo de triquiñuelas demagógicas, se aprovechan de este sueño ignorante para coronarse como los nuevos señores de los mediocres; reyes ellos del paraíso gulag. Y es que, los pueblos corruptos y amorales alimentan a los enemigos de la raza blanca.

Los esbirros inquisitoriales acechan en las sombras de la trastienda democrática, amparados por el poder absolutista de los maestros de la teatralización, los Dueños de la Verdad; dispuestos a denunciar a las voces discordantes que discrepen de los dogmas oficialistas. Hay verdades que no pueden ser cuestionadas, si uno no quiere recibir la amarga visita de la policía del pensamiento; la cual vigila las mentes blancas del edén gulag. Pocos son los insensatos que se atreven a alzar la voz contra tamaña injusticia. La mayoría vive temerosa de las funestas consecuencias que les puede acarrear su deslealtad hacia los adalides del mensaje dominante.

Y es aquí, a este punto en concreto, a dónde quería llegar desde el principio. ¿Qué significa Pensamiento Hereje? Es muy sencillo: pensamiento hereje es tratar de alcanzar la verdad; pensamiento hereje es cuestionarse los dogmas sociales que nos quieren imponer; pensamiento hereje significa hablar claro, sin temor a represalias; en definitiva, pensamiento hereje es ser políticamente incorrectos.

"Free your mind / Libera tu mente"

AMOS DEL PENSAMIENTO

Nada de lo escrito en esta obra, titulada Pensamiento Hereje, se puede decir libremente; ni siquiera en voz baja. Incluso, hablándolo en petit comité, tarde o temprano llegaría hasta el ojo vigilante del Sauron Oriental que todo lo ve y todo lo sabe. Tema tabú el que trataré a continuación, pero, aun así, me veo en la obligación moral de dar forma tangible a lo que pienso al respecto. Sé que me granjearé a muchos e importantes enemigos, pero la verdad sobre los Amos del Pensamiento ha de salir a la luz; lo quieran o no.

Durante las últimas décadas, el viejo golum apátrida, rey de la mentira y de la tergiversación; se ha transmutado en un LEVI-atán internacionalista que, con sus amplios y monstruosos tentáculos, atenaza y exprime a las naciones del mundo libre hasta dejarlas secas de cualquier atisbo de bondad o de pensamiento propio. No estoy exagerando, queridos y apreciados lectores; qué más quisiera yo. Ojalá todo esto fuera un mal sueño del que poder despertarse, pero no es así. En este caso en concreto, la oculta realidad que se ciñe sobre nosotros y nuestras familias supera con creces la ficción de cualquier película de terror.

Mucho se ha escrito sobre los Amos del Pensamiento y su relación conspirativa con el movimiento sionista. El sionismo es un movimiento de corte político totalitarista, de carácter xenófobo e imperialista, que bebe de diferentes fuentes bíblicas, históricas y culturales. Todas ellas, claro está, orbitan alrededor de la figura del pueblo de Israel. Los Amos del Pensamiento apoyan el ideario del proyecto sionista como una herramienta política, para fortalecer los pilares del Estado de Israel. Sus aspiraciones imperialistas les llevan a alentar abiertamente la inmigración hebrea al antiguo territorio palestino, conformando sobre sus ruinas una nueva nación; la cual es el umbiculus mundi de las relaciones económicas internacionales.

La creación del Estado de Israel en Palestina nos demuestra, claramente, la influencia político-económica de la que gozan los Amos del Pensamiento a nivel mundial. Eternizando el conflicto palestino-israelí en el tiempo, consiguen tergiversar los hechos; logrando establecer una hegemonía informativa que elimina, de un plumazo, las voces discordantes con su ideario doctrinal. El inmenso poder que otorga la posesión del monopolio internacional de los medios de comunicación les permite vivir en la sombra, moviéndose en un trance permanente de impunidad procesal; adquirida bajo una forma conceptual propia del entendimiento de la legalidad transnacional. Esta situación tan anómala dentro del plano jurídico, les permite invisibilizar sus tropelías de cara a la opinión pública.

Los Amos del Pensamiento tienen la capacidad de alterar la percepción de la realidad político-social que les rodea; minimizando, según sus propios intereses, los elementos que les resultan mediática y políticamente contrarios. Se han otorgado el derecho de manipular los designios de las comunidades gentiles del mundo, utilizando hipócritamente el fervoroso recuerdo del Holocausto. Reescribiendo la historia, logran amoldar a sus postulados imperialistas la política interior de las naciones occidentales. Esta falsificación teórica y cultural de la historia incide, directamente, en el pensamiento de la mayoría de los ciudadanos blancos.

El poder discriminador de los Amos del Pensamiento reside en la fuerza del puño belicista de los EEUU y en los dólares de las grandes entidades transnacionales. La base ideológica de los postulados imperialistas y totalitarios, que interiorizan hasta el fondo de su ser, dan forma al sueño sionista de:

"La reconstrucción del Gran Israel"

Para ellos, todo vale a la hora de aplicar sus postulados exterminacionistas. No viene de más recordar, que estos xenófobos supremacistas se creen superiores a todos los demás; por ello, según su criterio, las otras razas deben vivir subyugadas bajo su mando. Los posos clasistas y xenófobos que se encuentran en el tazón global de su ideario doctrinal, son resultado de las fobias de sus padres creadores. Los Amos del Pensamiento ven al resto de la humanidad goyim, como unos molestos parásitos a los que hay que erradicar. Inspirados por la locura destructiva de su sádico rey David, se han autonombrado jueces y verdugos de todos aquellos que se oponen a sus delirios imperialistas.

Los pocos librepensadores que quedamos somos conocedores del pasado, presente y futuro racista de los Amos del Pensamiento. Por desgracia, nuestros políticos, empresarios y periodistas callan, cobardemente, ante este tipo de xenofobia legal; pese a que también ellos se han convertido, por su condición étnica, en ciudadanos de segunda. Pero eso les da igual. Se alimentan de las sobras que les lanzan, en sus pilas democráticas, sus Amos Transnacionales.

La maquinaria represivo-administrativa Made in Sion siempre está engrasada y lista para aplastar a quienes disienten de los postulados dogmático-imperialistas de los Amos del Pensamiento. Si alguno cree que no es verdad o que estoy exagerando, por vivir preso dentro de una burbuja de odio etnonacionalista; puede probar a responderme las siguientes cuestiones:

¿Por qué el Holocausto anti palestino que se está llevando a cabo en territorio israelí, no es denunciado públicamente por nuestros políticos? ¿Por qué no se habla sobre él en los medios occidentales?

Y mejor aún, si se atreviesen a informar:

¿A quién le interesaría saberlo?

Yo os lo diré: ¡A nadie!

"La gran masa ignorante solo se preocupa, de lo que los Amos del Pensamiento dejan que se preocupe".

Seguramente, los siervos y mercenarios de los Dueños de la Verdad interpelarán lo aquí escrito, arguyendo que:

"Un malvado antisemita no puede ni debe denunciar, públicamente, el régimen del apartheid antigoyim y más concretamente anti palestino, que ha sido impuesto a sangre y fuego por los Amos del Pensamiento; si no quiere tener graves problemas".

Intimidación, represión administrativa, persecución judicial y hasta asesinatos selectivos. Para ellos, todo vale a la hora de impedir que el pueblo llano conozca la realidad de la situación. Debemos darnos cuenta de que nuestro futuro, el futuro de nuestros hijos y el del resto del mundo en general, se encuentra en juego. En estos decisivos y cruciales momentos, no debe existir lugar alguno para corazones indecisos o gente falta de valor. Los Amos del Pensamiento no se andan con chiquitas, cuando alguien dice la verdad sobre su emporio racista y discriminador. Si ellos triunfan, todos perderemos.

Los Dueños de la Verdad nunca descansan y nosotros no hemos de ser menos. No hay excusa para el desánimo o la inacción. La lucha ha de ser constante en todos los frentes. Únicamente, se les puede combatir de esa manera. El actual campo de batalla por la libertad es de lo más amplio y abarca los más diversos frentes. Debemos estar preparados. Los Amos del Pensamiento bombardean las mentes de nuestros niños, jóvenes y mayores con su ponzoñosa propaganda moral anti-blanca; la cual nos criminaliza de cara a la opinión pública.

Hollywood y todo lo que le rodea, es uno de los principales culpables de la decadencia moral de nuestro pueblo. En el Occidente Moderno, la bondad, el altruismo y las conductas honorables son una especie en vías de extinción, una rara avis. Estas quimeras nunca podrán ser apreciadas, por ojos expertos, en los estómagos agradecidos que dan forma al grupúsculo de ideólogos del mal llamado arte moderno; ya sea visual, gráfico o escénico.

Los saludables valores e ideales indoeuropeos con los que, antaño, las musas de la inspiración amamantaron en sus senos a los grandes genios de nuestra raza durante sus procesos de creación: Wagner, Goethe, Nietzsche...; se han visto sustituidos en esta nueva era, gracias a la mano de los Amos del Pensamiento, por la neblina de la mediocridad, por el sadismo circunciso y la depravación venida de Oriente. La maldad primigenia que anida en los llamados rabís del celuloide, mesías financieros de una nueva casta de actores sin arte, de pensadores sin pensamientos; pudre todo lo que toca.

Los Amos del Pensamiento extienden su degeneración desde la Meca del Cine, su base de operaciones. No es de extrañar que Hollywood esté dominado, en todos los sentidos, por una minoría mayoritaria de procedencia determinada. Steven Spielberg, Shara Jessica Parker, Woody Allen, Ben Stiller, Barbara Streisand, Winona Ryder, Jerry Seinfield, Roman Polanski... La lista de nombres que forman parte de esta minoría mayoritaria, aliada de los Censores de la Razón, es interminable. Hollywood no es más que un caballo de Troya con el que, los Dueños de la Verdad, pretenden infiltrarse en nuestra sociedad gracias al cine; con miras a llevar a cabo, a medio/largo plazo, sus totalitarios planes de dominación mundial.

El conglomerado mediático hollywoodiense, al ocupar el puesto de capital mundial de las artes audiovisuales, se encarga de distribuir todos los años sus demagógicas creaciones a escala internacional. Cada programa televisivo, película o corto de animación por ellos ideado, es una oda a la perdición. En sus blasfemas obras, los Amos del Pensamiento incitan a nuestros jóvenes y no tan jóvenes a cometer todo tipo de tropelías y actos obscenos; conduciéndoles hacia una vida de excesos y depravación que terminará, lamentablemente, arruinando su futuro para siempre. Se les anima a delinquir, a practicar conductas homosexuales, a torturar y hasta a asesinar. Nunca veréis ni un atisbo de bondad o de pensamiento ario en ninguna de sus elaboraciones.

En todos los productos hollywoodienses, el hombre blanco siempre es representado según sus cánones xenófobos:

- O bien se nos caricaturiza de bufones sin arte alguna.
- O hábilmente alimentan el mito del blanco esclavista que vive a costa del trabajo de las razas inferiores.

Poderoso caballero es Don Dinero y más cuando se alía con los Magnates de la Razón. Millones de dólares, de procedencia digamos más que dudosa (narcotráfico y trata de blancas), sirven para engrasar y poner a punto la maquinaria propagandista hollywoodiense. La mentira siempre entra mejor, cuando viene acompañada de un buen vaso de lágrimas de cocodrilo. Nuestros amigos de Hollywood lo saben a la perfección y han hecho del plañir todo un arte. Los Amos del Pensamiento son, sin duda alguna, los Maestros del Embuste. Con películas del tipo: El pianista baloncestista, La lista de la compra de Schindler o El niño del pijama a rayas que no quería irse a dormir; nos ponen en alerta de cuán poderosos y lastimeros son.

Nuestro propio pueblo se ha llegado a creer, a pies juntillas, todas sus mentiras. La gran mayoría de los occidentales nunca cuestiona la información audiovisual que les es suministrada, casi en vena, por los medios afines a los Amos del Pensamiento. Las mentes de estos individuos se encuentran más dormidas que nunca. El pueblo blanco vive en un matrix permanente, sin conciencia de la realidad. Por eso, de vez en cuando, nos cuelan falsas banderas como la del 11-M español o el 11-S useño.

El 11-S ha pasado a la historia universal como "el mayor fraude jamás ideado hasta la fecha". Todo aquel que en verdad quiera conocer la realidad con sus propios ojos, debe comenzar por analizar la situación político-económica internacional anterior a este suceso; de una manera honesta y crítica, escapando de la estructura mediático-psicológica que ha forjado la mass media oficial alrededor de este mito, para poder evaluar con claridad las cosas. La mayoría de las personas han decidido aceptar la cosmovisión oficial del 11-S como la única y absoluta. Siempre es más fácil dejarse guiar por los Amos del Pensamiento, que andar el propio camino.

Esta sumisión sin límites, no surgió de manera espontánea en la mente de los ciudadanos. Más bien, hubo un intenso trabajo propagandístico que allanó el camino hacia la servidumbre. El miedo es una poderosa arma y si se utiliza, hábilmente, puede doblegar a gobiernos y naciones de cualquier índole, política o raza. Los autores intelectuales de este seudo ataque de Falsa Bandera lo sabían. Por ello, fomentaron la división del globo en dos grandes bloques:

- Islamistas enemigos de Israel y de los Dueños de la Verdad.
- Vasallos de salvaguarda de la minoría mayoritaria de los EEUU; los cuales, por miedo o incapacidad mental, se negaron a ver más allá de lo que les decían.

La diferencia de esta nueva situación con la que se generó antaño durante la Guerra Fría, es que, uno de esos bloques: el de los archimalvados enemigos de Israel; en realidad, siempre fue un bloque difuso de personas sin rostro, de apátridas que se escondían tras nombres tan enigmáticos como el de: Bin Laden, Aiman al Zawahiri, el Mulá Omar... Esto propició que varias naciones fueran elegidas por los Amos del Pensamiento al azar, lo cual deja muy poco al verdadero azar; para ser presentadas ante la opinión pública internacional como: el Nuevo Eje del Mal.

Pertenecer al Eje del Mal significó, en la práctica, ser invadido y ocupado por las Fuerzas de Libera-Zion Mundial. Superpotencias tan peligrosas para nuestra seguridad como el régimen de fanáticos pastores de Afganistán o el temido Iraq, con sus aviones de la

Segunda Guerra Mundial; sirvieron como cabeza de turco para probar nuevos tipos de armamento y, lo más importante, para que los Dueños de la Verdad que habían ideado el 11-S se enriquecieran todavía más; gracias a los enormes recursos naturales de las naciones ocupadas y a los suculentos contratos de reconstrucción para estas zonas. Destruir para después construir; es lógica capitalista en estado puro.

La política desestabilizadora defendida por los Amos del Pensamiento, parece estar por encima de los Derechos Básicos del resto de naciones. Este grupo de conspiradores vive anclado en la ilegalidad permanente. Según su ideario dogmático, cualquier método utilizado para llevar a cabo sus planes es totalmente lícito. Sus designios están por encima del derecho a la vida de los goyim; ya sean blancos, negros, asiáticos o árabes.

La jugada del 11-S les salió perfecta a esta minoría mayoritaria. Se han enriquecido y han quitado de en medio a casi todos los gobernantes que se oponían a la política xenófoba e imperialista de Israel. De todas formas, con toda la pantomima del 11-S y las Guerras Preventivas, la postura de los pueblos musulmanes se ha radicalizado. Lamentablemente, el pueblo blanco no tiene una verdadera conciencia general de la situación en la que les han sumido, a la fuerza, sus corruptos e ineptos gobernantes. Lo insalubre e incoherente que resulta la relación política, económica y militar existente entre el entre los Amos del Pensamiento y el mundo occidental supondrá nuestro final; pero también el suyo.

Amigos conspiradores, Dueños de la Verdad; si me estáis leyendo, desde aquí os digo:

"No esperéis clemencia por parte de los hijos de Muhammad. No todos los pueblos ni líderes son tan débiles y corruptos como los nuestros. Ni vuestros títeres de la monarquía saudí podrán salvaros, una vez caigan los ejércitos indoeuropeos de las naciones a las que intentáis destruir. El 11-S marcó el pistoletazo de salida para la tercera confrontación mundial. Ni Obama, ni vuestras divisas ni dividendos, ni todos los mercenarios del mundo a los que podáis comprar; os servirán, el día de mañana, para escapar del monstruo que habéis creado".

CENSURA

Curioso término el de libertad, ¿no creen? ¿Qué significa realmente? ¿A qué tipo de cosas te da acceso? ¿Qué podemos hacer y qué no con esa libertad que nuestro sistema democrático, tan amablemente, nos ha otorgado como premio por ser buenos siervos? Yo mismo les respondo de nuevo: NADA.

La falta de libertad de expresión y de elección en nuestro país es algo innegable. La gran mayoría de los individuos de tipología progre, ya sean socialistas de la vieja escuela o derechoides de salón adictos a todos los dogmas impuestos por la judería internacional; son los primeros en querer silenciar la verdad identitaria. Pese a que, a la gran mayoría de ellos, se les llena la boca de espumarajos libertarios al hablar de democracia; desearían encerrarnos en un gulag o en Guantánamo, de por vida, por pensar diferente. Piden respeto, cuando ellos no respetan la libertad de quien quiere vivir libre.

Los esbirros de la policía del pensamiento están presentes en los más diversos ámbitos. Tienen muchos oídos y bocas, que hablan y actúan por sus dueños ante el primer comentario identitario. Como ya se pueden imaginar, mucha gente de bien calla ante las recriminaciones de los inquisidores del sistema, por miedo a las etiquetas sociopolíticas que éstos les puedan poner.

El silencio ante la censura oficialista no es la solución. Quedarse sin hacer nada, tiende a aumentar el problema. Con nuestro mutismo, los corruptores de mentes se sienten seguros ante la impunidad de sus comentarios y actos. Nuestro deber es desenmascarar a los traidores que intoxican a la sociedad con su propaganda y demostrarles que, tanto las calles como las universidades, siguen perteneciendo al pueblo español. Nuestras banderas han de ser la de la inteligencia y la de la honradez. Europa necesita que, en estos tiempos tan aciagos, sus hijos sean valientes y que no teman al escarnio público. La gente de bien debe salir de sus casas y hablar sin complejos de nuestro mensaje ante el resto de sus congéneres. Un individuo que se tome por libre, ha de sentirse orgulloso de poder decir alto y claro:

"Yo también pienso diferente".

Sé que lo que aquí estoy escribiendo, no es tan fácil de llevar a la práctica. Realmente, no existe la libertad de pensamiento y de acción en España. La nueva ley Gallardón que ha impuesto el gobierno liberal de Rajoy es, cuanto menos, lamentable; pero, sobre todo, preocupante en términos de autonomía individual. Esta ley no prohíbe solo la libertad de manifestarse a quienes quieran hacerlo, bajo el falso pretexto de tratar de proteger la seguridad y tranquilidad en los espacios públicos. Con ella, se pretende dar un paso más allá; buscando poder regular la vida de los individuos blancos, en todos aspectos, en un futuro no muy lejano. La ley Gallardón es la precursora de una serie de medidas que servirán de prueba, a los Amos del Pensamiento, para ver hasta dónde se le puede apretar el yugo a la sociedad española.

No debemos obviar el hecho de que: "cualquier limitación de la libertad de acción en el plano personal, en beneficio de un supuesto bien colectivo, debe ser considerada como un ataque frontal al individuo". Toda ley restrictiva siempre producirá damnificados. En España, todo aquello que se entiende como "progreso y seguridad procesal" no son más que una serie de leyes de corte absolutista, que chocan frontalmente con el supuesto derecho individual que nos brinda vivir en una supuesta democracia.

Cualquier sociedad que se diga avanzada debe comprender, mejor que nadie, que no se puede vivir con un gobierno que, de buen grado o a la fuerza, nos va arrebatando nuestra cuota de autonomía poco a poco. La principal obligación del Estado es la de velar, con las debidas garantías jurídicas, por el bienestar del individuo; sin dictaminar leyes absurdas y restrictivas que terminen por perjudicar a terceros.

Frente a un Estado totalitario que quiero convertirnos en mansos borregos, la insumisión ciudadana es la única solución posible. Da igual que nos llamen: nazi, fascista, racista o facha para intentar acobardarnos. Y es que, ¿a quién no se lo han llamado alguna vez en alguna discusión política, racial o económica con el propósito de poner fin a la conversación; creyendo que, gracias a etiquetarnos de mala manera con alguno de esas palabras, podrían silenciarnos? ¿Acaso no resulta curioso el poder que poseen ciertos términos, para estigmatizar a un individuo en concreto ante el resto de la aborregada sociedad actual?

La psique humana, y sobre todo la psique colectiva, es de lo más maleable. Ciertas palabras han sido asimiladas en el subconsciente colectivo de la sociedad occidental, como representantes de la maldad más pura y absoluto. Los Amos del Pensamiento se aprovechan de ello, para dirigir nuestro subconsciente según sus propios intereses. Gracias a estos mecanismos léxicos de autodefensa y contraataque han conseguido arrinconar a sus antagónicos enemigos: el pueblo blanco con conciencia identitaria.

Por desgracia, años de demagogia y de dogmas mesiánicos anti blancos no se pueden borrar de un plumazo de la mente colectica.

Nuestra raza ha terminado por asimilar, como propias, las fobias orientales que rechazan toda postura pro blanca y pro identitaria. La moral de esclavo que actualmente posee nuestra gente, es un claro síntoma de su decadencia como sociedad y como entidad racial. Todo aquel que no lucha por su supervivencia, está destinado a la desaparición. Pese a ello, nuestro pueblo acepta gustosamente esta funesta perspectiva de futuro; sin revelarse, mínimamente, contra los mismos que los conducen hacia el abismo de la aniquilación.

La lucha milenaria entre las fuerzas del bien y el mal nunca ha cesado. Debemos estar preparados para no resultar vencidos por los ejércitos orientales de la mentira. Nuestra sangre y nuestra historia son nuestro mejor baluarte. Todo aquel hermano blanco que se quiera unir a la batalla, será bienvenido. No existe mayor honor que el de caer defendiendo a la propia raza.

Aun así, debemos estar prevenidos. La vileza y la mediocridad también existen dentro el ambiente patriota español. Todo nuestro esfuerzo, todas las horas que pasamos luchando por la liberación de España y de los españoles; pueden resultar aplastadas, de golpe, por algunos de los "nuestros" al servicio de la causa de los Enemigos de Occidente. No puedo para de repetir una y otra vez: vergüenza, vergüenza, vergüenza... al pensar en esta gente. Vergüenza, por la mezquina alma que boicotea nuestra labor; vergüenza, de que el ansia de medallismo sin mérito de algunos individuos, les lleve a pactar con el diablo; vergüenza, al comprobar cuán decepcionantes son muchos camaradas de trinchera.

Las gentes de buena fe debemos patrullar las trincheras ideológicas que hemos construidos. En la mano de todos está terminar, de una vez por todas, con el leviatán de la traición descarada. ¿Y cómo? Pues cortando la mano de los villanos que conspiran, impunemente, desde la seguridad de nuestras propias filas. Hemos de velar por los niños blancos que están por venir. No debemos dejar que los traidores les arrebaten su futuro; ha llegado la hora de ser valientes. Basta ya de tanta demagogia, digamos las cosas tal y como son, conscientes de que nuestro pueblo y nuestra raza no pueden seguir manteniendo a tanto parásito de pulserita de España o concierto de RAC.

Somos los odiados y lo sabemos; pero, a diferencia de los corruptos que fingen ser de los nuestros, no tememos a la verdad. Numerosos patriotas blancos se han visto privados de su libertad, a causa de sus opiniones políticamente incorrectas; por este sistema judicial que nos reprime brutalmente. En cambio, a los cinco gitanos que dieron una paliza, violaron por turnos, quemaron viva y atropellaron a la joven Sandra Palo, la cual sufría una severa discapacidad intelectual; están en libertad gracias a nuestro ilegítimo sistema judicial. Ninguno de ellos pasó más de cinco años encerrado.

No tan curiosamente, defender la propia vida frente a una marabunta de violentos descerebrados de Extrema Izquierda, sí que mereció más condena. Josué es una de esas víctimas inocentes del juego democrático. Veintiséis años de condena y no cinco. La Mass Media se volcó, de una manera brutal y obscena, en conseguir que fuera juzgado y condenado en un juicio público paralelo. Estigmatizaron su figura, para que apareciera ante los ojos del pueblo aborregado como: "un malvado fascista de extrema derecha sediento de sangre". Su caso nos debe servir para poder comprender que, lo mismo que le sucedió a aquel noble y joven militar, puede pasarnos a cualquiera de nosotros.

Pedro Varela también fue otra de esas víctimas inocentes, de las que tanto abundan en nuestra liberticida España; del arbitrario e injusto sistema judicial patrio. Fue condenado por brindar una opción diferente una tercera vía, a la hora de informarse y culturizarse, a todos aquellos que buscaban más allá de la versión oficial. Aquel peligroso delito le ha llevado, a día de hoy, a que el fiscal del servicio de Delitos de Odio y discriminación, Miguel Ángel Aguilar, solicite que sea de nuevo condenado a doce años de prisión por dos delitos contra los derechos fundamentales y por ser el supuesto líder de un grupo criminal,

Durante la historia de la humanidad, aquellos que luchan por la libertad siempre han sido considerados una minoría peligrosa por los oligarcas dominantes del momento. Los humildes pastores que tratan de liberar al pueblo blanco, con sus propias manos, del yugo de la esclavitud eterna que le ha sido impuesto desde estamentos superiores; terminaron sus días siendo señalados por los inquisidores de turno. Todos ellos tuvieron que padecer, en sus propias carnes, las injusticias de un sistema dictatorial que oprime brutalmente a quien les lleve la contraria. Y es que, al establishment no le gusta que sus verdades sean cuestionadas por los mortales goyim.

En estos tiempos tan oscuros para Europa, nuestra lucha es probablemente la más noble, pero, a la vez, la más peligrosa de todas. El encierro en prisión de nuestros camaradas, no debe ser motivo de olvido. Debemos demostrarles todo nuestro apoyo. Han de ver que no están solos y que su desgracia es la nuestra. El dolor que sienten al verse privados de libertad, lo compartimos nosotros también. No existen excusas que valgan en este aspecto. A un camarada nunca se le abandona y mucho menos se le puede olvidar.

INMIGRACIÓN

"Milenarias murallas se derrumban, el crepitar de las llamas nos envuelve con su tétrico alarido. Los tambores de la guerra racial resuenan sin cesar. Una siniestra sombra oriental los dirige. Ellos conocen todos nuestros movimientos y su propósito es acabar con todo lo puro, bueno y ario que antaño hizo grande a nuestra gloriosa tierra.

La gente grita, corre desesperada; intentando esconderse de lo inevitable. Las hordas salvajes han invadido su tierra y ahora están arrasando sus hogares, violando a sus mujeres y esclavizando a sus hijos. No existe lugar alguno en el que se pueda estar a salvo. Los últimos reductos blancos son aplastados, uno detrás de otro, por el mazo implacable de los enemigos de los pueblos libres. Hombres valientes luchan y caen, de una manera heroica, por defender su tierra. Tratan de retrasar el imparable avance de los ejércitos de mercenarios, que desde un lado y otro del océano, procedentes de lejanas tierras; han sido reclutados para extender la enfermedad imperialista por el mundo.

La lucha parece baldía; ellos lo saben. Con la victoria del mal, tan solo nos quedará la nada más absoluta. El futuro de los blancos se extingue con la derrota. Con cada paso que da el invasor, el genocidio se vuelve realidad. La llama de la antorcha de la libertad aria se va apagando, poco a poco, para ser sustituida por el yugo sionista de la esclavitud".

Aterrador el panorama que dibujo, en pequeños trazos, en esta simple introducción. ¿Tal vez forma parte de la continuación de mi novela de fantasía épica identitaria "El Poder de la Sangre"? Se equivocan. Por desgracia, nada tiene que ver con mi saga literaria. En este tétrico relato no hablo de invasiones pasadas, tampoco de pueblos extintos o de la situación vivida por el glorioso ejército del Reich durante los últimos meses de resistencia; antes de la caída de Berlín a manos de los soviéticos. En realidad, trata sobre la situación actual en las "naciones blancas". Londres, Madrid, Nueva York, Moscú, Lisboa, Barcelona, Kansas, Praga, Kiev... Muchas son las ciudades sitiadas por el enemigo que nos invade. Aunque parezca increíble, todavía existe un infortunio mayor que el comunismo y es el multiculturalismo.

Las tácticas de aquellos que siempre han anhelado nuestra destrucción como entidad étnica propia, los Amos del Pensamiento, han cambiado y se han refinado con el paso del tiempo. Los maestros del embuste, viejas plañideras que con una mano piden limosna y con la otra apuñalan a quién, apiadándose de ellos, se la otorga; fomentan la política de puertas abiertas en las naciones blancas. Cualquier tipo de crítica o comentario realizado en un foro público, en contra de los dogmas multiculturalistas que se han afianzado en Europa; es motivo suficiente para que la policía del pensamiento utilice toda su fuerza y poder represivo con el fin de silenciar a aquellos que se rebelan contra el poder establecido.

Como todo gran imperio, Europa vive su ocaso; El Ocaso de los Dioses Blancos. Nuestro pueblo malvive adormecido y permanece amordazado. Parece que nos cuesta despertar de este pernicioso y semítico sueño multiétnico. Ninguna raza a lo largo de la historia ha permanecido tan quieta e impasible ante el avance del invasor como los hacemos nosotros. Muchos de nuestros compatriotas, fervientes demócratas todos ellos, no quieren darse cuenta de la extrema gravedad de la situación actual. Buscan cualquier tipo de excusa para no pensar y para no actuar.

Las leyes de la madre naturaleza han sido vilmente manipuladas. El camino hacia la supervivencia viene marcado por las acciones de nuestros antepasados, pero parece que lo hemos olvidado. Dejarse matar es digno de ser imitado. La lucha por la supervivencia racial es equiparada por los burócratas transnacionales y sus medios de desinformación masiva, al peor de los delitos que un ciudadano que dice ser demócrata pueda cometer. Las fechorías y vilezas cometidas por estos nuevos bárbaros en su sacrílega peregrinación por Europa, son disculpadas con el típico buenismo progresista que culpabiliza al blanco de las malas acciones cometidas por el buen salvaje. Nuestros hermanos blancos más progresistas aceptan ser conducidos, de manera voluntaria, hacia el moderno matadero en el que se ha convertido Occidente. Su muerte no cuesta nada; han perdido su instinto de supervivencia.

Para la mass media cualquier argumento es inválido, si este mismo critica el pillaje y expone el peligro que suponen los inmigrantes que asolan nuestras tierras. Los manipuladores medios de desinformación occidentales justifican y amparan esta barbarie, este genocidio no tan silencioso, recurriendo a la amenaza de tildar de racista o xenófobo a quienes cuestionen la actitud de los nuevos y exóticos europeos. De una forma casi kafkiana, dibujan al villano inmigrante como un luchador por la libertad; símbolo de la integración y de los logros de la nueva sociedad multicultural occidental.

Las naciones blancas son un polvorín multirracial a punto de estallar y los incidentes provocados por el creciente clima de racismo anti blanco así lo demuestran. Comercios asaltados, agentes de policía heridos gravemente por los pacíficos manifestantes de color, mujeres violadas, barrios residenciales incendiados... El panorama resulta aterrador para los minoritarios ciudadanos blancos que, a causa de su falta de liquidez, se ven obligados a habitar en ciertas zonas ocupadas por estos nuevos ciudadanos europeos. Nuestra gente se encuentra sola e indefensa ante la marabunta de criminales extra europeos que se han apoderado de las calles; los cuales siembran el odio y la destrucción a su paso, como si fuesen Atilas modernos del siglo XXI.

El salvajismo selvático que se ha adueñado de numerosos barrios de Europa y los EEUU, gracias a la permisividad de los mercenarios de las fuerzas del orden del ZOG, tan preocupadas y atentas ellas en servir y proteger a los mismos que agreden a nuestra gente con total impunidad; hace imposible la convivencia entre nativos e invasores. Cualquier pretexto es bueno, por nimio que sea, para que estos sujetos saquen a la luz sus más bajos instintos. Les es muy fácil dar rienda suelta a toda la xenofobia anti blanca y anti occidental que subyace en su vengativa psique. El rencor y la inquina que habitan en su interior solo consiguen ser calmadas, temporalmente, con la sangre de las inocentes presas blancas que caen bajo sus garras.

Seguramente, el fiscal progre que esté de guardia en el juzgado más próximo se estará frotando las manos al leer este humilde libro. Pensará que, con la censura y secuestro del mismo, podrá colgarse unos cuantos galones más gracias a la detención de un malvado escritor políticamente incorrecto. Pero se equivoca de cabo a rabo. No estoy ensuciando la imagen de los buenos y nobles inmigrantes "de color" con mi ácida verdad. En ningún momento, he defendido la agresión o discriminación hacia algún colectivo por cuestiones de raza, sexo, ideología o credo. Entonces:

¿Cuál es el problema de hablar claro? ¿Quizás me convierte en un peligroso criminal, el escribir sobre ciertos temas? ¿Eso me hace merecedor de censura y represión como castigo a mi atrevimiento?

Curiosa forma de entender la libertad tienen los esbirros de los Amos del Pensamiento. Tristemente, las cosas son así. Los agresores son convertidos en víctimas por los medios desinformativos afines al sistema partitocrático del Régimen del 78, mientras éstos sean de color; y las víctimas son presentadas ante la opinión pública como verdugos, si éstas son blancas, con el propósito de desdibujar la realidad de nuestras calles. Así el pueblo adormecido no se levantará contra sus señores feudales; los cuales, en tiempos electorales, prometieron protegerles a cambio de su papeleta.

Seamos claros y hablemos sin tapujos, es hora de mostrar todas las cartas sobre la mesa. La sociedad multicultural sionista ha fracasado y todos lo sabemos. No debería de resultarnos sorprendente a estas alturas, que nuestros nuevos invitados cuenten con varios precedentes negativos a nivel nacional (Salt y Lavapiés) e internacional (París, Londres o Los Ángeles). La vida no es una película de Hollywood y la convivencia racial tampoco. El supuesto hermanamiento entre pueblos y culturas no es más que una sucia patraña; la cual, únicamente ha servido para extender globalmente el caos y el odio.

No tan curiosamente, todas las revueltas de índole racial siempre dejan indemne a un segmento étnico determinado. Los Amos de la Mentira y de la Teatralización nunca se ven envueltos en este tipo de altercados. Como buenos directores de los mismos, se suelen mantener ocultos entre bambalinas; dejando que los no blancos, mucho más primitivos y violentos, realicen por ellos su trabajo desestabilizador.

Los defensores del ideal inmigracionista utilizan todas las armas a su alcance, legales e ilegales, para evitar que la sociedad occidental se oponga a las políticas de puertas abiertas. Las falsas banderas son su fetiche. Ya sucedió en Noruega con el prosionista de Breivik, el cual le vino de perlas a la progresía nórdica para hundir en las urnas al partido pseudoidentitario llamado: Partido del Progreso. Lo más curioso de este 11-S nórdico, es que Breivik era un anti nazi convencido; además de masón y también anti cristiano. Pese a ello, fue etiquetado rápidamente de "fanático racista seguidor de las teorías hitlerianas", de "odiador de inmigrantes" y de "estandarte de la fe cristiana más rancia y excluyente". Resulta asombroso lo que se puede hacer con una buena campaña mediática. Ni en el libro de la Metamorfosis se vio tan repentina mutación personal.

Tras el incidente de la isla de Utoya, dio comienzo una campaña de acoso y derribo internacional contra todo aquello que oliera a identitarismo contrario a la inmigración masiva. A nadie sorprendió. El fantasma de la resurrección nazi es explotado de manera conveniente, casi todos los años, cuando hay que frenar cualquier alternativa de tipo patriota. "Los Hijos de Hitler se acercan", "Los racistas están a las puertas y la sociedad del bienestar será destruida por ellos", "Ellos quieren un nuevo Holocausto, quemarán Sinagogas y aniquilarán a homosexuales, judíos y demócratas". Estas y otras demagógicas consignas son explotadas hasta la saciedad, para meter el miedo en el cuerpo a la adormecida población blanca. No quieren que el flujo migratorio cese, ni por tierra ni por aire. Por eso, su campaña del miedo se retrasmite las veinticuatro horas del día.

Existe un maquiavélico plan para desprestigiar al movimiento identitario y así dejarlo fuera de juego de la lucha antimigratoria. La canciller Merkel, alumna aventajada de los represores soviéticos del siglo pasado, es la primera de la clase en la lucha contra la resistencia aria europea. Desde finales de la Segunda Guerra Mundial, Alemania se ha convertido en la mayor cárcel europea. Un lugar donde por la más mínima excusa o mención que se salte las normas de la doctrina oficialista, la KGB teutona puede apresarte; permitiendo que los soviet judiciales te condenen de por vida por ser un "enemigo del multirracialismo". Hasta llegaron a inventarse sus propios Breivik bávaros con aquel famoso juicio en el que se pedía la ilegalización del NPD por negar y, a la vez, apoyar el Holocausto. Y detrás de tan elaborada mascarada se encontraban, como no, agentes secretos al servicio del gobierno alemán.

La doctrina a seguir por los esbirros de los enemigos de Europa es clara:

"Nadie puede oponerse a su plan de sustituir a los blancos por otros pueblos más maleables".

No solo en Noruega o Alemania se atenta contra y se asesina a los dueños de las voces discordantes. En Francia también se azuza al fantasma nazi con un objetivo doble:

- Aplicar un Estado de Alerta Máxima y así restringir el movimiento y la libertad de la población gala.
- Impedir que el Frente Nacional tenga alguna opción en las elecciones.

En el caso francés podemos observar cómo se ha logrado la cuadratura del círculo de la demagogia:

- Primero, despertar el temor del pueblo; tildando a los cansados de la decadencia gala de xenófobos ultracatólicos.
- Segundo, recurrir al famoso Holocausto para silenciar aquello que no les guste.

La combinación no puede ser más perfecta. La teoría conspiracionista de la vuelta de los hijos del III Reich, siempre vende muchos periódicos. ¿Y todo para qué? Muy simple. La demagogia manipulativa con la que estigmatizan a aquellos que se atreven a pensar por sí mismos, está sirviendo de aviso para el resto de posibles rebeldes. En este punto cabría preguntarse, sí la mayoría de los que claman al cielo pidiendo leyes más prohibitivas contra los malvados negadores de la Shoá; pedirían, con la misma dureza, leyes restrictivas contra los racistas anti blancos que asolan Europa. No, no lo harán; ni ahora ni nunca.

Muchas otras naciones, del Este y del Sur, también son víctimas de la prepotencia de los tecnócratas multiculturales bruselenses. La valerosa nación húngara es una de ellas, pues no deja de sufrir el dogmatismo político-económico de los mismos eurosionistas que dicen querer defenderla. Y todo, ni más ni menos, por no querer una Hungría para los no húngaros. No es la primera vez en su historia, que el pueblo magiar ha visto como los criterios de naciones o entes transnacionales ajenos a su cultura e identidad racial; le han sido impuestos a la fuerza con dramáticos resultados (Tratado de Trianón). Las sanciones impuestas por la hidra europeísta a Hungría, a causa de la nueva constitución que fue redactada por el gobierno de Viktor Orban; nos sirven para ilustrar cómo estos amantes de la libertad únicamente aman y respetan aquello que pueden dirigir a su antojo.

Entre las reformas de la nueva Carta Magna húngara figuran la de definir a Hungría como una nación cristiana o la de purgar a antiguos jueces de tendencias filomarxistas. Esto no gustó mucho en Bruselas; lugar donde la fiebre multirracial de sus dirigentes no concibe que un estado europeo, cristiano y blanco pueda sentirse orgulloso de esto mismo. Valiéndose de las sanciones impuestas, pretendieron hundir a los húngaros en la más absoluta miseria; buscando causar un clima de inestabilidad social en las calles, que les ayudara a conseguir amedrentar al presidente Orban. El futuro que le espera a la nación magiar es incierto. El tiempo dirá si ceden ante el chantaje de la mafia internacionalista o prosiguen con su deriva autárquica y nacionalista.

Parece que los blancos estamos obligados a acoger a todos los tchandalas del planeta. Este planteamiento es repugnante y peligroso. La cuestión es que una idea tan aberrante como esa, ha calado hondo entre la descerebrada sociedad occidental. Lamentablemente, en el juego democrático llevamos todas las de perder. Los mismos que defienden la política de puertas abiertas tienen el poder y no lo abandonarán tan fácilmente. De todos es sabido que el significado de términos como Libertad y Democracia, siempre ha dependido del tirano que nos los ofrece como la panacea redentora. A lo largo de la historia de la humanidad, nunca ha existido una verdadera igualdad entre iguales. El más poderoso siempre ha impuesto su criterio al más débil. Los masónicos conceptos de la Revolución Francesa: "Liberté, Egalité y Fraternité" son solo eso: palabras vacías de significado y contenido;

las cuales, suelen quedar muy bien en los discursos dirigidos a unas masas aborregadas y débiles.

Los lobos liberticidas siempre se han disfrazado de corderos, cuando tocaba dirigirse al pueblo para loar las bondades del sistema multi-étnico. Obama, Stalin, Lenin, Azaña, Mao, Mandela, Roosevelt, Mugabe, Churchill o el Ché; la lista de iluminados libertadores anti blancos es interminable. Los burócratas que controlan el Parlamento Europeo son iguales o más nocivos que los anteriormente citados. Desde Bruselas, no dejan de hablar de la hermandad entre los pueblos, tratan de vendernos la igualdad de las naciones, cacarean que todas las voces cuentan por igual; pero nada más lejos de la realidad. Como buenos mafiosos, estos sátrapas imponen su propio criterio de lo que debe ser la igualdad, la legalidad y la fraternidad. Su planteamiento no es otro que el de:

"Aquí se hace lo que YO ordeno y cuando YO lo ordeno; y todo aquel que no obedezca, sufrirá las consecuencias por su atrevimiento".

Parece que en la Europa del siglo XXI, ya no queda sitio para las naciones y los gobiernos independientes. De todas maneras, cabría preguntarse a quién deberíamos culpar:

¿A los sátrapas que nos dirigen o al pueblo que ha permitido que lo dirijan?

La adormecida Europa agoniza. Su población está siendo sustituida a un ritmo vertiginoso por ciudadanos no caucásicos. El mayor genocidio de la historia se está llevando a cabo sin que nadie alce la voz. El pueblo blanco tiene la obligación de despertar de una vez por todas y darse cuenta de la realidad que lo rodea. Las consecuencias del peligro que entraña ser minoría en nuestra propia tierra son predecibles: el exterminio masivo. El pueblo europeo debe organizarse para no desaparecer. Unidad identitaria en la urnas, significará mayor presencia política, mediática y social. Ojalá algún día, tomen buena cuenta de ello quienes tienen que tomarla y se auto extingan; por el bien de todos.

NATURALEZA

La desconcienciación del individuo como entidad biológica es un mal endémico que lleva azotando, como una epidemia, a todos los continentes desde la primera Revolución Industrial. La modernización social que trajo consigo la mecanización industrial, privó al ser humano de su esencia vital milenaria; rompiendo los lazos que lo mantenían conectado a la Madre Tierra. La era de los ingenios mecánicos nos sumergió en un gélido mar de metal y oscuridad, que nos terminó por alejar completamente del verde y florido corazón de Gaia. Esta desnaturalización prefabricada causó un gran y negativo impacto en la psique espíritu-natural del individuo blanco.

El pacto con el diablo mecánico nos indujo a cometer todo tipo de desmanes y atrocidades sobre los que antaño habían sido nuestros compañeros de viaje (animales y plantas) en la lucha por la supervivencia. A partir de aquel épico cambio, el paso por la tierra del hombre blanco se volvió errático y egoísta. El afán por poseer bienes materiales solo fue igualado, por la capacidad inagotable que tiene el homo sapiens sapiens de inventar nuevas formas de destrucción.

La pérdida de la conexión especial entre los hombres blancos y los animales es ya un hecho incuestionable. Como identitario concienciado que soy, me resulta inexplicable que cada año en nuestro país, con la llegada de las esperadas vacaciones veraniegas; miles de mascotas sean abandonadas o en su defecto, exterminadas, a causa del egoísmo materialista de sus amos. No hay excusa que valga en este aspecto. Frente al abandono o frente al maltrato animal, todo patriota que se precie debe tener tolerancia cero con este tipo de conductas. Una mascota no es un juguete o un trapo viejo que puede botarse a la calle cuando mejor le convenga al descerebrado e irracional de su amo. Este hecho en cuestión, me genera una serie de dudas:

¿Por qué los abandonamos? ¿Quizás, nuestra pervertida psique consumista nos impide comprender el horror y la vileza de tal acto? ¿La falta de cultura y educación socio-sentimental tienen que ver en ello? ¿O es que, simplemente somos malvados?

Durante nuestra existencia terrenal, si nos comportamos como unos individuos con una vida productiva plena, nos veremos obligados a hacer frente a numerosas responsabilidades. La gente suele olvidar muy fácilmente que, con la llegada de un animal de compañía a la familia, las cosas cambian y las tareas aumentan; pues deben ser capaces de atender las necesidades de sus compañeros peludos y de cuidarlos adecuadamente. La adopción y no adquisición de una mascota, ha de ser un acto madurado y meditado concienzudamente; sopesando los pros y los contras. Hay que saber de antemano que el compromiso al que nos sometemos al adoptar a un hermano animal, es de por vida; no pudiendo ser cancelado, de ninguna forma, a través de la vía rápida que brinda el egoísmo individualista: abandono, maltrato, animalicidio en las perreras municipales...
Admitámoslo de una vez, el ser humano actual es una especie egoísta y destructiva; a la cual le importa, más bien poco, el sufrimiento que pueda ocasionar a nuestros hermanos animales. La pérdida de valores ha traído consigo la minusvaloración y la cosificación del colectivo

animal. El tiránico sistema mercantilista bajo el que malvivimos, nos ha enseñado a no verlos como seres vivos. Nuestros compañeros peludos se han visto rebajados, de la noche a la mañana, a la calidad de simples bienes útiles; herramientas intercambiables y vendibles al mejor postor, de las cuales servirse según convenga: realizar faenas del campo, regalos de compañía para niños caprichosos, como complementos de moda...

Está claro que la Madre Naturaleza se rige por la ley del más fuerte, pero no por la ley del más cruel y sanguinario. Como seres vivos que son, nuestros compañeros animales también sienten y padecen como cualquier persona. Nuestra estupidez congénita como especie, parece que nos impide apreciar este hecho. Los animales son capaces de sufrir y nosotros, de una manera repetitiva y sádica, nos empeñamos en comprobarlo de la peor forma posible. Demasiadas veces, en los telediarios estatales aparecen noticias que relatan cómo han sido torturados hasta la muerte unos cachorros de perro, que alguien mutiló a un inocente caballo o cómo algún político valenciano del Partido Popular se divertía, en sus ratos libres, exterminando gatos a pedradas. Estos ejemplos son una simple muestra, escogida al azar, de hasta dónde llega la barbarie y el genocidio anti animal que se está cometiendo en la actualidad.

No me he equivocado ni exagerado al describirlo: animalicidio; eso es lo que es. Cómo os sentiríais vosotros si nada más nacer, casi sin haber abierto los ojos, os vierais arrancados de los brazos de vuestras madres para ser encerrados en la vitrina de cristal de cualquier centro comercial; bajo las frías miradas y el incesante toqueteo de unos niños ruidosos y molestos, que más bien se asemejan a bestias por su mal comportamiento. Si eso no fuera suficiente, después de haber pasado por los trámites económicos pertinentes, los padres de dichos vástagos deciden trasladaros a su hogar; el cual no es más que una cárcel de pladur. A partir de ese momento, pasáis a ser un mero objeto de su propiedad; un nuevo juguete al que los más pequeños pueden martirizar, mientras los adultos se dedican a sus pasatiempos anodinos y egoístas.

Por desgracia, ahí no acaba la cosa. Tras padecer lo indecible en vuestro nuevo hogar, sois arrancados repentinamente del mismo. Con toda probabilidad, alguno de los cabeza de familia ha decidido que vuestra presencia es un inconveniente; que no sois más que un pesado lastre con patas y corazón, que les impide disfrutar al máximo de su tiempo estival. Como premio a tanto sufrimiento, sois tirados en una fría y oscura carretera comarcal. Vagáis llorando de un lado a otro, preguntándoos el porqué de vuestra miserable existencia. Rogando que los malvados amos humanos que os dejaron tirados como un trapo, vuelvan de nuevo a por vosotros.

Con el paso de los días, va surgiendo en vuestro interior una extraña idea. A lo mejor, vuestros amos os han dejado en aquel recóndito paraje por "haber sido unas malas mascotas". Esperáis y esperáis, pero ellos nunca vuelven. Una tétrica noche, mientras seguís aguardando fielmente en el mismo lugar, un conductor os arrolla; dejándoos malheridos en el arcén. Ese mismo conductor, nada más bajar del vehículo, os maldice por haber estropeado su coche último modelo y abandona el lugar; dejando que os muráis lentamente. Aunque por dentro, ya estabais muertos desde el primer día que os arrebataron de los brazos de vuestra madre.

Suena duro, pero es la verdad. Las tiendas de mascotas que florecen por todos los centros comerciales españoles, casi sin control alguno, no son más que gigantescos campos de concentración animal. Estos centros de almacenamiento y distribución alimentan el ciclo del abandono. De ahí que, al prohibir la apertura de más de ellas o exigiendo el cierre de las ya existentes, sentaremos las bases que nos ayudarán a acabar con esta lacra.

En muchas ocasiones, la mayor parte de las acciones cotidianas que llevamos a cabo a lo largo del día las hacemos de una manera automática; casi inconsciente. Estar atentos a este tipo de actos, puede terminar por revelarnos más información sobre nosotros mismos como entidad biológico-social, que todos los tratados seudocientíficos del mundo. La experiencia individual que adquirimos a lo largo de nuestra vida, viene dada del estudio y de la observación en nuestro entorno.

Observación e imitación; principios fundamentales del desarrollo humano. Ponerse en la piel del otro siempre es difícil y más cuando se trata de un animal. Pero el abandono animal es como un búmeran; el cual no tardará en regresar para darnos en la cara. Debéis daros cuenta de que, con esta actitud tan egoísta, estamos enseñando a los niños del mañana a abandonar en gasolineras a sus dependientes ancianos o, tal y como ya sucede en la actualidad, ha dejarlos tirados en la cama de alguna residencia de mala muerte.

El círculo se ha roto. La sagrada conexión espiritual que unía al ser humano con la madre naturaleza y a ésta con todos sus hijos, se ha deteriorado tanto con el paso del tiempo y con el avance de la modernización; que nos hemos terminado por desligar, de una manera consentida, de nuestro "Yo Blanco". Este "Yo Blanco" era el que nos hacía pensar que existía un camino de salvación para nuestra malvada y dañina especie, pero lo hemos rechazado.

La tierra es la madre de todos y debemos protegerla de quién la quiere destruir. No debéis ser egoístas; hay que cuidar el planeta para las generaciones futuras. En las manos de todos está poner fin a esta atrocidad. Ante cualquier indicio de maltrato o abandono animal, no debemos dudar en denunciarlo a las autoridades correspondientes. Solo de esta manera, conseguiremos que los malvados reciban su merecido por sus crueles actos. Recuerden que:

"Ellos nunca lo harían, por eso merecen ser defendidos".

ESCLAVITUD SEXUAL

No existe peor destino, que el de nacer siendo un esclavo; pero, más dramático aún, es convertirse en uno cuando antes se era un hombre o mujer libre. A consecuencia del nulo estatus social que brinda la condición de esclavo, dichos individuos se ven desposeídos de cualquier tipo de derecho inherente a todo ser humano. Rebajados al nivel moral de las bestias, son forzados a malvivir entre miseria y golpes al realizar todo tipo de degradantes tareas. Mientras sus espíritus se consumen, se ven obligados a practicar una sumisión total hacia sus dueños; para tratar de evitar que su cruel y tiránica mano vuelva a bajar, una vez más, sobre sus malnutridos y amoratados cuerpos.

Desde que el mundo es mundo, el corazón del hombre malvado y codicioso siempre ha ansiado alcanzar el poder y la gloria que le permitan poder gobernar a sus iguales, con mano de hierro, en un régimen de desigualdad institucional. Los motivos para atribuirse tal superioridad civilizadora sobre los pueblos conquistados han sido de lo más diversos: religiosos, culturales, territoriales, económicos y sexuales. La esclavitud por motivos sexual-mercantilistas, es una de las más antiguas y crueles de todas las prácticas esclavistas. Centrándonos en el tema que nos ocupa, podríamos afirmar que la venganza sexual tras la conquista, en la gran mayoría de las ocasiones, se ve influida por una gran carga de odio racial. Quién no recuerda y siente en su memoria genética, las temidas expediciones negreras de los turcos (capitaneados a su vez por elementos judíos) por los territorios cristiano-mediterráneos para conseguir carne fresca y blanca; la cual, posteriormente, sería distribuida por ávidos y codiciosos mercaderes en todas las grandes ciudades de las naciones islámicas.

Italia, España, Portugal, Inglaterra...; ninguna nación occidental se libró del terror oriental que traía consigo cada razia. Nuestra raza debería valorar la libertad y seguridad que ganaron a sangre y fuego nuestros ancestros siglos atrás. De no hacerlo, volveremos a cargar con el yugo que nos impondrán los no blancos que ahora invaden por miles nuestro territorio. La libra de carne cristiana siempre ha sido muy cotizada por los pueblos no blancos. Los tres mil hermanos blancos capturados por el califa Yakub al-Mansur en Lisboa o los más de dos mil cristianos apresados en la ciudad de Silves, dan fe de ello.

Pero no solo hemos sufrido este tipo de odio racial en Occidente. Se calcula que, hasta el siglo XIX, casi tres millones de europeos del este fueron capturados y vendidos como esclavos por los no blancos. Nuestros hermanos eslavos, georgianos o armenios también se vieron asediados por el mismo mal. Obligados a mantener una lucha sagrada por la libertad de su pueblo y de sus gentes; trataron de asegurar que sus niños blancos, blancos como los nuestros, tuvieran un futuro en libertad. Durante siglos, millones de niños, hombres y mujeres blancas fueron sometidos y esclavizados por estas hordas bárbaras; quienes los obligaban a llevar a cabo todo tipo de inmundicias sexuales, mucho antes de llegar a los mercados en los que iban a ser vendidos. Con la pérdida de su inocencia, pasaban a convertirse en esclavos de la carne al servicio de los no blancos. En la captura y la posterior venta de los mismos, el fenotipo racial de las personas apresadas podía aumentar enormemente su precio en la puja. Las mujeres con rasgos más blancos, normalmente rubias o pelirrojas, eran por las que más se pagaba.

Algunos pensaréis que lo que escribo en este capítulo, no son más que desvaríos de la mente de un malvado racista que odia el multiculturalismo. Sé que hay gente que se niega a ver las cosas como son. Muchos tratan de reescribir la realidad a su antojo; pero los hechos, hechos son. Los millones de mártires blancos que fueron esclavizados en el pasado, no deben ser olvidados. Cuando la historia se olvida, siempre se termina por volver a repetir; tal y como está sucediendo en estos momentos. Distintos protagonistas, pero mismas víctimas.

Desde la caída de la Unión Soviética, cerca de quinientas mil jóvenes procedentes de los más diversos países de las ex repúblicas soviéticas, viven en un régimen de esclavitud sexual permanente; principalmente en el estado sionista de Israel. Los medios de comunicación callan o intentan minimizar estos escalofriantes datos. A nadie le interesa conocer que las supuestas víctimas eternas de la Shoá, sean ahora los verdugos de miles de inocentes chicas blancas; las cuales, a causa de su ignorancia e inocencia, se han visto atrapadas en las codiciosas garras de estos mafiosos orientales.

La xenofobia anti blanca se ha unido con el capitalismo más salvaje, para formar un negocio de la muerte que genera millones de dólares al año. Muchas de esas niñas y jóvenes blancas son raptadas en sus aldeas por mafias organizadas. Los mercaderes de carne blanca también suelen recorrer las aldeas más humildes y alejadas de los países de Europa del Este, en busca de familias incautas y extremamente necesitadas; a las cuales deslumbran con sus lujosos trajes y sus grandilocuentes promesas de bienestar.

En el macabro juego que se traen entre manos, entra en escena el arte de las promesas vacías de contenido; juradas, en firme, por estos falsos cristianos adoradores del candelabro de siete brazos. En todo momento, buscan no despertar sospechas en las familias de las jóvenes a las cuales pretenden engañar. Estos truhanes de la Shoá aseguran a las bellas chicas que, en esta nueva Tierra Prometida, su salario será veinte veces mayor que el de sus países de origen; y que, en poco tiempo, podrán llevarse a su familia con ellas.

Pobres ilusas aquellas que se dejan seducir por un potentado y trajeado diablo, disfrazado de caballero, que las ganó con buenas palabras y promesas de riquezas. Estos vulgares Mefistófeles, salidos del infierno leví de Dante, las trasladan enseguida a sus puertos francos para que las autoridades no puedan apresarlos ni tampoco acusarlos de nada. Una vez en Chipre o Israel, aparecen compradores que están más que dispuestos a desembolsar grandes sumas de dinero; sobre todo sí la niña raptada aún es virgen y no ha sido violada durante el traslado. Cuando el dinero cambia de mano, las desdichadas jóvenes son distribuidas por el Magreb y todo Oriente Medio.

No podemos llegar a imaginarnos, ni remotamente, el sufrimiento por el que pasan dichas jóvenes. El hecho de darse cuenta de que su vida se ha terminado, que no volverán a ser jamás dueñas de su destino, que son meras esclavas de la carne destinadas a satisfacer, noche y día, las repugnantes peticiones de sus clientes multirraciales; debe de ser un golpe demoledor. Escapar tampoco les podría devolver la libertad. Las autoridades turcochipriotas o israelíes suelen devolverlas a los mafiosos que las compraron, cuando alguna de ellas acude a denunciar su situación. No estoy escribiendo ninguna mentira. Sé que lo que aquí comento, me puede acarrear graves problemas legales.

Aun así, mi higiene moral como librepensador y como blanco me obliga a denunciar públicamente los hechos que aquí cito; afirmando, sin temor alguno, que:

"El gobierno turcochipriota y el gobierno israelí fomentan y amparan, legalmente, a estos negreros del siglo XXI".

Las historias y los nombres de víctimas como: Anna de San Petersburgo, Tatianna de Bielorrusia, Valentina de Ucrania, Nina de Minsk y otras tantas miles de mujeres blancas sirven de ejemplo del feminicidio anti blanco que se está llevando a cabo. Nadie habla sobre esto. Todos callan vergonzosamente y mientras tanto, en estos precisos momentos, muchas de esas hermanas blancas estarán siendo violadas o brutalmente apaleadas por negarse a convertirse en un mero juguete sexual de sus amos orientales.

¿Os imagináis que ocurriría si en Occidente, cualquier gobierno goyim amparara el tráfico sexual de mujeres judías? ¿Acaso creéis que la comunidad internacional se quedaría parada ante este hecho? Entonces: ¿por qué no actúan contra este nuevo, aunque antiguo, tipo de esclavitud; el cual roba los mejores años, sueños y deseos de miles de inocentes féminas blancas? ¿No tienen derecho a vivir libres? ¿No merecen un futuro mejor? ¿Para ellas no rige el: "Hermana, yo sí te creo"? ¿"El violador eras tú" no sirve, si los violadores tienen tez oscura o profesan una religión diferente? ¿Quizás todos los golpes recibidos y lágrimas derramadas por las víctimas valen menos, que el vil metal que las compra y mantiene prisioneras?

¡No, no y mil veces no!

¡Basta ya de una vez por todas! Esto no puede ni debe seguir así. Son nuestras hermanas de distinta madre, son nuestra familia y debemos liberarlas de su cruel tormento. ¿Qué nos ocurre cómo raza? ¿Por qué no reaccionamos ante este feminicido anti blanco? ¿Es que no nos importa? ¿Acaso valoramos más la comodidad de un absurdo bienestar burgués, que la lucha justa por los derechos y la dignidad de las personas? ¿El temor que causa el ser acusado de antisemita, influye a la hora de señalar a los culpables? Lamentablemente, los hechos indican que sí.

Y qué decir de la Iglesia Católica y de toda su jerarquía de panzudos papistas descreídos; los cuales, bajo el mandato del jesuítico Papa negro, han olvidado a su Señor y ahora sirven a los mismos que lo crucificaron. Esos falsos pastores actúan como plañideras recordando la Shoá, mientras callan ante el Holocausto anti blanco que estamos sufriendo. Me repugnan con su doble moral, con sus lecciones de hermanamiento internacional, con sus monsergas de perdonar y poner la otra mejilla. ¿Estas pobres victimas blancas, que sufren en su cuerpo la opresión y la humillación del colorido que las mantiene prisioneras; deben perdonarlo para ser buenas cristianas?

La jerarquía eclesiástica católica no es la única que, con su silencio, es cómplice activo de esta situación. Nuestros gobernantes, medios de comunicación y profesores son igual de culpables que ellos. Decidme: ¿cuándo los habéis escuchado alzar la voz contra esta atrocidad? Para poder terminar con este feminicidio anti blanco, no hay lugar para la ambigüedad: O se está con las víctimas, o se está con los semíticos mercaderes y los cetrinos abusadores machistas. En mi caso, sé con quién me alío y a quién defiendo:

"Yo estoy con las víctimas de la trata, con las familias que sufren, con los blancos que viven oprimidos, con los parias de la tierra".

Pero y vosotros:

¿Con quién estáis? ¿Permitiréis que vuestras hermanas blancas sigan sufriendo? ¿Pensáis hacer algo o simplemente os quedaréis sentados en vuestra habitación; gozando de la comodidad que brinda el vivir en una sociedad burguesa y desnaturalizada?

LA HOMOSEXUALIDAD

Me parece muy oportuno en esta era de la decadencia, examinar detenidamente la cuestión de la homosexualidad y todo lo que la rodea; con el fin de poder mostrar al lector, sin ningún tipo de tapujo, una opinión sincera al respecto. Vivimos, supuestamente, en una sociedad democrática. Teóricamente, la libertad de expresión me ampara para hablar de la homosexualidad. Por eso, el cuestionarse el estilo de vida homosexual en Occidente no tiene por qué resultar un tema tabú.

Existe una corriente pseudointelectual que preconiza la aceptación de la propia voluntad homosexual como forma de transgresión cultural y social; en un frívolo canto a la vida moderna. Este relativismo de la moralidad banaliza las leyes naturales más elementales; integrando y aplicando en la sociedad los dogmas saturnales de sus equivocados patrones de conducta, gracias a demagógicas campañas de concienciación. Los panegiristas de los medios oficialistas nos tratan de vender el ambiente gay de lugares como Chueca o San Francisco como un nuevo estilo de vida, que se adapta a la perfección al llamado mundo moderno; satanizando a todo aquel que, siendo conocedor de la verdad oculta tras esta campaña de marketing orquestada por los lobbys gais, se niegue a aceptarlo. En otros tiempos y sociedades, este tipo de actos eran considerados como una deformación del comportamiento y de la psique indoeuropea. En cambio, hoy en día, no se ve como un problema; pese a atentar contra el mantenimiento de la moral racial y del orden social al dar rienda suelta a toda clase de encuentros y excepciones sexuales entre: hombres y mujeres, hombres y hombres, mujeres y mujeres, hombres y niños, zoofilia...

No estoy negando que, a lo largo de la historia, las sociedades civilizadas han ido variando en gran medida sus patrones de conducta; en lo que respecta a los comportamientos psicosexuales de los individuos. En la decadente sociedad helénica de las ciudades estado, por ejemplo, se educaba y entrenaba a los jóvenes efebos metecos para convertirlos en meros objetos de carne al servicio de la alta sociedad ciudadana. Pese a que las conductas homosexuales eran comunes para los griegos más adinerados, no eran entendidas según el contexto progresista actual. Los antiguos helenos no toleraban que las relaciones entre personas del mismo sexo, pero de distinta clase social, enturbiaran la conciencia natural de los individuos. Por ello, nunca se inclinaban románticamente, de una forma marcada, hacia los sujetos de su mismo sexo.

La orientación sexual en la Grecia Clásica se adaptaba al comportamiento decadente y excesivo de la alta sociedad; la cual utilizaba el acto homosexual como una forma de reafirmación de su estatus socioeconómico, dependiendo del rol que se mantuviera durante el acto carnal:

- Activo: El hombre que penetra, que posee, que arrebata la hombría al individuo poseído; era considerado, de una manera trasnochada, un ejemplo de masculinidad. Ocupaba un estatus social alto dentro de la sociedad.

- Pasivo: El hombre sumiso, feminizado, servil, vejado, humillado en el acto de la penetración; ocuparía, según los cánones sociales de aquella época, un estatus de clase media o baja.

Ya fuera en la Grecia Clásica o en la Europa Moderna, podemos afirmar que en las parejas de homosexuales siempre ha existido un amo y un esclavo; cuyo rol en dichas relaciones gira en torno al control (activo) y a la sumisión (pasivo). La obtención de placer mediante el acto homosexual es algo secundario, con respecto a la reafirmación del poder personal del individuo; debido al valor dominante implícito en el acto de someter, carnalmente, a alguien del mismo sexo.

Al hablar de la homosexualidad, uno debe preguntarse si esta conducta es producto de la naturaleza o de una desviación que tiene su origen en las acciones y decisiones surgidas del ambiente sociológico-afectivo que rodea al individuo. Desde un punto de vista biológico, una persona completa es aquella que siente una atracción sana hacia las personas del sexo opuesto. Por lo tanto, la conducta homosexual representa una confrontación con la misma naturaleza; al negarse a llevar a cabo, por mero goce carnal, el objetivo primordial que todo individuo tiene asignado desde su creación. Su elección diferente conlleva que:

- El individuo rompa la cadena reproductiva, obstaculizando la transmisión genética que permite la perpetuación de la especie.

Si la homosexualidad, como dicen algunos, tuviese un origen exclusivamente hormonal (natural), se podría modificar mediante inyecciones que devolviesen el equilibrio al sistema endocrino. Pero eso es mentira. Sería absurdo afirmar falacia de tal calibre y, de hacerlo, dejaría en evidencia al que se atreviera. Dicha conducta no guarda relación aparente con ningún tipo de desorden hormonal o inversión de la inclinación sexual en el feto; producida ésta durante la etapa del embarazo.

Los desórdenes psicosexuales y afectivos inducidos durante el periodo comprendido entre la infancia y la adolescencia, sí que pueden ser factores desencadenantes más creíbles. La vivencia de algún hecho traumático, que origina en la persona una actitud agresiva o autodestructiva dependiendo del caso: rol activo y pasivo; puede ser otra de las causas. Pueden ir desde conflictos internos freudianos, hostilidad manifiesta hacia el padre o la madre; hasta el rechazo inconsciente del sexo opuesto, a raíz de algún fuerte impacto psicológico (con su consecuente desilusión) en la etapa prepúber. Esta desilusión podría haber originado en el sujeto un colapso psíquico o anímico, que daría como resultado un desajuste de la percepción psicosexual; lo cual degeneraría, a su vez, en una conducta de tipo homosexual.

Una de las principales características psicológicas de los sujetos que eligen esta forma de vida, es que la persona sustituye su fuente de placer en una relación sexual-amorosa sana de tipo simbiótico (hombre/mujer); por una relación de carácter autoritario de tipo impositivo (hombre/hombre o mujer/mujer). El individuo homosexual tiende a servirse de su condición psicosexual para llamar la atención, con el propósito de autoafirmarse de una manera engañosa como individuo; convirtiendo al acto homosexual en una herramienta exteriorizante.

Tanto el factor social como el factor psicológico juegan un papel fundamental en el desarrollo y la posterior manifestación de los trastornos psicosexuales que originan la conducta homosexual (factor social/ambiente externo, factor psicológico/ambiente interno); ya que ambos interactúan entre sí, de forma constante, en la psique del individuo. Las carencias emocionales de tipo afectivo dan como resultado la deformación del hombre (feminizado y amanerado) y la modificación de los roles de la sociedad que lo acepta. El afeminamiento del varón homosexual es, casi siempre, una exhibición patológica de tipo estético; originada, en la gran mayoría de los casos, por una relación social, moral y familiar de carácter inadecuado. Seguramente, dentro de este tipo de entornos se ha tendido a uniformizar o centralizar, de una manera autoritaria, la estructura jerárquica hacia uno u otro sexo. Por eso, se han de suprimir los comportamientos demasiado tóxicos, que distorsionan la percepción de la personalidad psicosexual de los sujetos en la etapa prepúber.

Queda más que probado que ciertas conductas en las personas están condicionadas, desde un punto de vista psicológico, por factores externos: familia, educación, relaciones sociales... Por eso, debemos aceptar la realidad psicológica inherente al mundo homosexual; eliminando los complejos progresistas de culpa y compasión con el propósito de buscar una solución certera, que ayude a liberar el alma atormentada de este tipo de personas. La afectividad diferente de unos pocos no puede ser normalizada a la fuerza, a pesar de la marea mediática progay que busca arrastrar a las personas ingenuas a su terreno. Por ello:

- Hay que detectar y denunciar todas las ideas multiprogresistas (basadas en estereotipos buenistas), relacionadas con la aceptación del mundo homosexual, y sustituirlas por otras más realistas.

- Debemos luchar contra la discriminación y la autocensura que amordazan al mundo heterosexual.

- Hay que ofrecer las herramientas adecuadas a los individuos que quieran superar su condición psicosexual; ayudándoles a trazar un plan de acción que facilite su cambio.

- En ningún caso, se debe forzar a nadie a que realice algo en contra de sus principios. Debemos dejar en paz, socialmente, a quienes quieran seguir viviendo su vida diferente; sin influir perjudicialmente en la del resto.

Respecto a la cuestión gay, todavía queda mucho camino por recorrer para comprenderla en toda su esencia. Los estudios realizados por el Dr. Robert L. Spitzer acerca de la homosexualidad (los Archivos de Conducta Sexual, Vol. 32, Nº 5, Octubre de 2003) nos dicen que esta conducta puede ser cambiada o redirigida a través de una terapia de reorientalización, desafiando así el dogma oficial establecido por los lobbys gais; quienes afirman, rotundamente, que la homosexualidad es una parte intrínseca de la naturaleza genética del individuo y que, por lo tanto, no puede ser alterada.

Para probar su hipótesis, Spitzer entrevistó a más de 200 personas de ambos géneros (143 hombres y 57 mujeres), que afirmaban haber sufrido algún tipo de desviación en su conducta psicosexual (homosexualidad) a lo largo de su vida. Tras finalizar el estudio, la mayoría de los participantes mostraron un cambio significativo en lo referente a sus tendencias psicosexuales de carácter homosexual, como consecuencia de la terapia.

"Los profesionales de salud mental deberían dejar de moverse en la dirección de amonestar a la terapia que tiene, como objetivo, un cambio en la orientación sexual. Muchos pacientes, provistos de consentimiento informado sobre la posibilidad de sufrir decepción si la terapia no tiene éxito; pueden hacer una elección racional de trabajar hacia el desarrollo de sus potenciales heterosexuales y minimizar sus atracciones homosexuales no deseadas".

(Dr. Robert L. Spitzer)

Los detalles estadísticos y demográficos de los entrevistados en el estudio fueron los siguientes:

- Los sujetos elegidos eran voluntarios.
- La edad media de los entrevistados: hombres, 42; mujeres, 44.
- Estado marital durante la terapia: hombres casados, 76%; mujeres casadas, 47%. A su vez, el 21% de los hombres y el 18% de las mujeres eran divorciados.
- El 95% eran caucásicos.
- El 84% residía en los Estados Unidos, mientras que el 16% restante vivía en Europa.
- El 97% eran de base cristiana y el 3% eran judíos.
- El 19% de los participantes eran profesionales de salud mental o directores de ministerios.
- El 76% eran graduados universitarios.
- El 78% había hablado, públicamente, a favor de los esfuerzos por cambiar su orientación homosexual.

El Dr. Robert L. Spitzer no es el único experto en la materia que opina de esta manera. En los Estados Unidos, la asociación NARTH cuenta con más de 5.000 profesionales; los cuales se dedican al estudio y a la reorientalización de quienes ven su homosexualidad como algo ajeno a su identidad real. Además, según el manual Essential Psychopathology and Its Treatment:

"Las terapias para reajustar la orientación sexual, en el caso concreto de la homosexualidad, son eficaces y no causan daño alguno al paciente".

La obligatoriedad progresista de negar la realidad, con respecto a las causas y efectos de esta elección socio-sexual, hace que resulte más complicado aislar y comprender el origen de todo. En Holanda, el doctor en Psicología por la Universidad de Ámsterdam: Gerard Van den Aardweg (autor de Homosexualidad y Esperanza), dirige diferentes estudios acerca de la reorientalización de la conducta homosexual; los cuales le han permitido comprobar, de forma empírica, cómo la inmadurez psicológica de dichos individuos afecta a todo su mundo emotivo. Esta inmadurez sería la causante, a su vez, de la aparición de tendencias psicosomáticas en el sujeto: ansiedad, depresión, comportamientos compulsivos...

Un equipo de investigadores británicos demostró, confirmando lo anteriormente escrito, que los homosexuales son un 50% más propensos que los heterosexuales a padecer algún tipo de cuadro de depresión o trastorno de ansiedad a lo largo de su vida; y que son dos veces más proclives a las actitudes suicidas, a raíz de su inestabilidad psicológica (datos publicados en el BMC Psychiatry). El abuso del alcohol (más de un 30% de la población homosexual abusa del alcohol) y el consumo drogas (20%) también son un lastre que lastra a la comunidad homosexual. La depresión es consecuencia directa de la lucha interna del individuo; quien se carga de una tensión empática permanente que puede derivar, en muchos casos, en el suicidio.

Todo el entramado ocultista que rodea el origen (acción-reacción) de la patología homosexual, impide que los individuos sepan qué hacer ni cómo reorientarse; lo cual, lamentablemente, les lleva a sufrir en silencio sus posibles problemas. La baja autoestima mostrada por algunos homosexuales conlleva, a la larga, ciertos factores de riesgo que pueden derivar en depresión. Normalmente, dicha tendencia depresiva se ve acrecentada por el temor al rechazo familiar, social o laboral de su realidad; debido al desconocimiento informativo acerca de las soluciones que les ayudarían a paliar este tipo de elección e incluso a superarla.

Quisiera aclarar que, con lo que expondré a continuación, no busco estigmatizar a una parte minoritaria de la población. Está claro que individuos mezquinos los hay de toda condición sexual, status económico o raza. Por ello, no es mi intención generalizar ni ofender gratuitamente a nadie. Aclarado este punto de antemano, conviene que vaya directo al grano.

La pederastia y la homosexualidad están interrelacionadas, en algunos casos, con los posibles traumas o abusos que haya podido padecer el sujeto durante su infancia. El deseo sexual constituye para el individuo abusador de índole homosexual, la piedra angular entorno a la cual giran sus relaciones afectivas y sociales con el resto de la sociedad. La psique de estas personas identifica a sus iguales del mismo sexo, indistintamente de la edad que tengan, exclusivamente con el rol de meros objetos con los que poder llevar a la práctica sus abyectos deseos. Para la psique del abusador, los niños también pueden ser utilizados, si las circunstancias lo permiten, como objetos físicos que den alivio a las necesidades homoeróticas no satisfechas de su mente enferma.

Seguramente, los Censores del Pensamiento ya estarán afilando sus plumas para firmar mi sentencia condenatoria. Aducirán que, lo aquí expuesto fomenta el odio y la LGTB-fobia. También dirán que busco incitar la persecución de un colectivo determinado, pero se equivocan. Tan solo trato de dar un punto de vista diferente al impuesto por los medios oficialistas, y mi derecho a la Libertad de Expresión me ampara para ello.

Me es lícito afirmar, aunque esto pueda acarrearme ciertos problemas de índole judicial, debido a la ley mordaza impuesta en los medios públicos por el lobby gay; que detrás de cada abusador de niños masculino se encuentra un homosexual, vestido con sotana o no. Es más, el auge de los delitos de agresión sexual a menores son un clara muestra de hacia dónde nos lleva la decadencia social, sexual y afectiva que sufre nuestra sociedad multiprogresista; la cual está instalada en la permisividad permanente y en el antinaturalismo más visceral.

La homosexualidad descontrolada origina un gran daño físico y mental al individuo que la sufre y a la sociedad que lo acoge. Las conductas homosexuales no son solo origen de numerosas enfermedades psicológicas, también son fuente de enfermedades físicas que ponen en peligro al resto de la gente. La sodomía, el exhibicionismo, el voyerismo o los actos escatológicos son conductas de un enorme riesgo para el sujeto que las practica y para el círculo de amistades o familiares con los que convive. Al mantener conductas sexuales de alto riesgo: sexo sin preservativo, sexo anal, ingesta de excrementos, sexo buco-anal...; corren el riesgo de padecer todo tipo de enfermedades:

cáncer anal, Chlamydya trachomatis, cryptosporidium, giardia lamblia, herpes simples, el VIH, gonorrea, hepatitis viral tipo B y C, sífilis...

En la población homosexual, el riesgo de transmisión del VIH (SIDA) es muy elevado (la incidencia del SIDA en la población homosexual es 400 veces mayor que entre el conjunto de la población heterosexual). Además, casi el 60% de los nuevos casos de infectados por el VIH en el mundo occidental se dan entre la comunidad homosexual; el otro 40% restante se reparte entre heterosexuales y drogadictos. Alemania es, por así decirlo, la excepción. Allí la cifra de nuevos infectados por el VIH alcanza el 70% entre la población gay.

La comunidad homosexual masculina es más propensa a contraerlo; por cada mujer infectada por el VIH, hay 19 hombres infectados. Solo en los EEUU, cada año se infecta un 4% de la población homosexual masculina; alcanzando el 14% en los jóvenes homosexuales de raza negra. La depravación de ciertas personas llega hasta tal punto entre la comunidad gay de los EEUU, que se suelen organizar fiestas de alto contenido sexual entre infectados por el VIH (portadores del regalo) y personas que buscan infectarse (buscadores del bicho) para aumentar el morbo con la ruleta rusa vírica.

Aunque la homosexualidad sea una opción corregible a través de un tratamiento de reorientalización, no hay que olvidar que estos individuos perturban al conjunto de nuestro pueblo. Con su actitud no solo dañan a la sociedad occidental en el plano moral o físico, sino también en el económico; a causa de los altos costes sanitarios que conlleva el tratamiento de este tipo de enfermedades. De todas maneras, se les debe permitir participar activamente en la comunidad (sin tener ningún puesto político de relevancia); pero privándoles, como es justo y obvio, del derecho de reproducción y de adopción.

La aceptación de la seudo familia homosexual que nos tratan de vender los medios oficialistas de masas, obedece a la tan ansiada deconstrucción de la identidad personal del pueblo blanco. Los supuestos nuevos derechos reproductivos y familiares que se les quieren otorgar (matrimonio y adopción), sirven para negar y ocultar la verdadera realidad física, psicológica y biológica que va unida al acto de la reproducción y al posterior cuidado de la prole; tarea exclusiva entre el hombre y la mujer.

El niño, durante su etapa como crisálida psicológica, es un mero espectador de su realidad sociológico-afectiva; por lo tanto, se limita a reproducir las acciones y comportamientos que se dan en su entorno más cercano (roles de género). Mediante la observación e imitación de su entorno, el niño absorbe e interioriza las normas y conductas sociológico-afectivas básicas; las cuales, el día de mañana, le ayudarán a desenvolverse en la sociedad durante su etapa adulta. La falta de alguno de los dos modelos/unidades familiares (padre o madre), limita el perfecto desarrollo sociológico-afectivo del individuo; lo cual repercute, inevitablemente, en su identidad personal.

El desarrollo de la identidad emocional y sexual de los niños adoptados o creados a través de la inseminación artificial en el caso de las parejas homosexuales femeninas; se ve condicionado por la orientación sexual de sus progenitores. Los hijos de las familias homosexuales desarrollan, ya en edades tempranas, una percepción anómala de la sexualidad. La consecuencia directa del nuevo reajuste social y psicológico de cualquier niño criado en ese tipo de ambiente, da lugar a la aparición de actitudes tales como:

- Confusión de la percepción de la identidad de género.

- Deseos de pertenencia al sexo contrario (transexualidad).
- Interiorización y aceptación de los roles del género contrarios como propios (masculinidad exacerbada en el género femenino y conductas amaneradas en los individuos varones).

El supuesto derecho adoptivo que la progresía internacional quiere implantar en la sociedad occidental, para devolver los favores electorales prestados por el lobby gay; transforma de una manera interesada y mercantilista, la concepción de la realidad biológico-reproductiva y educativa. La familia tradicional es la principal fuente de resistencia de los pueblos indoeuropeos, contra la tiranía de la élite racial de los poderes fácticos transnacionales. Por ello, con la vista puesta en sustituir el modelo tradicional de familia biparental (heterosexual), pretenden que la obligación natural de los individuos homosexuales a no reproducirse deba ser social y jurídicamente abolida. Habría que decirles a todos esos buenistas demócratas, que no todo vale para ganar votos; que el egoísmo de una minoría anómala no puede atentar contra el orden biológico ni reproductivo, a pesar de que se legisle en favor de unos pocos.

Me gustaría citar el primer párrafo del Artículo 3 de la Carta de los Derechos Humanos, en lo referente a los derechos de los niños:

"En todas las medidas concernientes a los niños que tomen las instituciones públicas o privadas de bienestar social, los tribunales, las autoridades administrativas o los órganos legislativos; una consideración primordial a que se atenderá, será el interés superior del niño".

(Artículo 3 de la Carta de los Derechos Humanos)

La alteración de la percepción de los derechos y obligaciones de los individuos, por el mero hecho de su condición psicosexual, relativiza las normas básicas de convivencia y de sostenimiento de cualquier sociedad. La discriminación positiva en lo referente a los derechos de los individuos homosexuales (matrimonio, adopción, cupo político...), institucionaliza la persecución y el arrinconamiento de las familias heterosexuales; devaluando el estilo tradicional de vida de los pueblos blancos.

El adoctrinamiento de nuestra juventud en lo referente a la cuestión homosexual, comienza ya desde la escuela (Educación para la Ciudadanía); pues les inculcan desde pequeños los dogmas oficiales. Conviene recordar que una de las medidas del anterior gobierno socialista de Rodríguez Zapatero, impulsada por los iluminados de la rama del Ministerio de Educación y Ciencia, fue la de recomendar la lectura y el visionado de un comic erótico titulado: "Alí Babá y los cuarenta maricones"; cuyos protagonistas son homosexuales. Debido a la nula inteligencia de su autor, se advierte, de forma vulgar y soez, las consignas encubiertas oficialistas en el tono irónico de la siguiente cita:

"Este álbum contiene una alegría de vivir más contagiosa que el SIDA. No consumir en dosis abundantes ni utilizar un álbum ya usado. Ten muy presente nuestra advertencia: ésta puede ser tu noche más loca. Nazario está dispuesto a demostrarte con todo su arte que hemos venido aquí a pasar dos días, que cuantos más polvos mejor, que el único miedo que debes tener es el miedo al aburrimiento, que los amantes hay que aprovecharlos... y que no hay vida como la vida en rosa. ¿Tú también lo tienes claro? Pues no digas que no te avisamos".

(Nazario / Alí Baba y los Cuarenta Maricones)

La promiscuidad, la homosexualidad y la infidelidad forman parte de la nueva realidad psicosexual de Occidente. Nuestro pueblo ha aceptado este tipo de estilos desviados de vida como algo normal. Con la excusa del reconocimiento de los nuevos derechos gais, los nuevos adalides de la liberté progresista no dejan de acaparar mayores cuotas de poder político. Gracias a ello, cometen todo tipo de desmanes en contra de la religión católica, de la familia tradicional y de la raza blanca en general. Gracias a la presión ejercida por los lobbys gais, la no aceptación de su tiranía arcoíris representa un grave delito de odio; por el cual, el individuo puede llegar a ser objeto de un proceso judicial. Viéndose juzgados y condenados por ejercer su derecho a la libertad de pensamiento y de expresión, la mayoría optar por callar y agachar la cabeza.

Desgraciadamente, España es uno de los países del mundo occidental en donde la represión y la tiranía ejercida por el lobby rosa se hacen notar con más saña. La mafia arcoíris está perfectamente organizada y estructurada en nuestro país, tanto a nivel estatal (Federación de Gais Lesbianas y Transexuales) como a nivel local. Estos grupúsculos actúan como tropas de salvaguarda; asegurando y velando por el mantenimiento de los privilegios de sus camaradas homosexuales.

Para la perpetuación de los privilegios de los votantes rosas, los sátrapas que nos gobiernan se valen de viejas tretas:

- Creación de una demanda irreal, arguyendo una supuesta demanda real al exagerar las cifras.
- Utilización de la coacción administrativa, política y judicial para llevar adelante las nuevas reformas.

Y todo con el propósito de:

- Que gais y lesbianas tengan preferencia a la hora de acceder a empleos públicos y privados (discriminación positiva).
- Que las escuelas, públicas o privadas, adoctrinen a los niños desde el punto de vista homosexual.
- Que se criminalice y condene a todo aquel que disienta de la doctrina oficial sobre la homosexualidad.

Los miembros de la mafia arcoíris española no paran de clamar al cielo pidiendo respeto para su opción de vida, pero, cada vez que tienen alguna oportunidad, no dejan de ofender con sus comentarios y acciones a los católicos; todo ello, claro está, avalado con la permisividad del aprendiz de brujo de Zapatero y ahora del liberal Rajoy.

Reírse de los símbolos sagrados que han forjado la historia y el carácter del pueblo español es un lucrativo negocio. Bajo la protección y dirección de sus mecenas democráticos, vomitan su visceral anticlericalismo sin que nadie los detenga. La creación de un supuesto Calendario Laico durante la etapa Zapateril, en el cual aparecían imágenes de muy dudoso gusto, entre las cuales se encontraban: vírgenes transexuales, coronas en forma de pene, la Virgen María semidesnuda en actitud erótica frente al diablo...; les granjearon muchos aplausos y subvenciones a sus autores.

No hay nada más fácil que atacar, vilmente, a quién no puede o no quiere defenderse. No solo los fieles cristianos españoles son víctimas del integrismo de la mafia arcoíris. En el pseudofestival Glasgay, el transexual Jo Clifford presentó en el teatro Tron de Glasgow su obra (si se le puede llamar de alguna manera): "Jesús, Reina del Cielo"; al grito de:

"Jesús es una mujer transexual. Y ahora camina sobre la tierra".
(Jo Clifford / Transexual del lobby rosa)

Con esta abominación, una vez más, el lobby rosa del mundo del espectáculo demostró su cara más fanática e intransigente; al discriminar y atacar las creencias religiosas de la población católica. Ante las protestas generadas por dicha obra, los organizadores de tamaña blasfemia se sintieron orgullosos de haber humillado a la mayoría silenciosa. Estos titiriteros del espectáculo, henchidos cual pavo de navidad, enarbolando en sus plumas la bandera de la liberté más demagógica; alegaron que la intención del autor no era la de ofender a la población católica y que si su trabajo fue malinterpretado, fue a causa de la homofobia de los fieles cristianos.

Otro vergonzoso ejemplo del autoritarismo del lobby homo, fue lo que le sucedió a Miss California en el certamen de belleza de Miss Estados Unidos. A la bella representante de California (Carrie Prejeam) le arrebataron su corona, debido a las presiones ejercidas por los organizadores del evento: Shanna Moakler y Ketty Lewis (ambos militantes del movimiento homosexual); después de que un miembro gay del jurado le preguntara a Carrie, capciosamente, sobre su opinión al respecto de que una pareja homosexual pudiera contraer matrimonio (el 61% de la población californiana está en contra de dichas uniones). Las convicciones morales de Carrie le llevaron a contestar con el corazón:

"Que un matrimonio solo puede ser
el que se da entre un hombre y una mujer".

Como es obvio, dicha respuesta desagradó enormemente al poderoso y mediático emporio gay. Por ello, Carrie sufrió la retirada de su corona; dejando patente que el mobbing homosexual discriminatorio hacia todos aquellos que se nieguen a postrarse ante sus dictados, es más que una realidad en el mundo occidental.

Causa sonrojo que el antaño valeroso pueblo indoeuropeo, se pliegue a los dictámenes de una minoría minoritaria; manejada, en la sombra, por la élite racial dirigente. Vivimos en una época y en una sociedad idiotizada. Los occidentales hemos perdido totalmente la capacidad de discernir: o bien por miedo o por dejadez. Ni siquiera tenemos la libertad para poder opinar, abiertamente, de según qué temas. Nos dicen que debemos ser lo más tolerantes, abiertos y progresistas o seremos represaliados. El homosexualismo político busca reestructurar la sociedad occidental, desde su anómalo e interesado punto de vista; narrando la realidad a su antojo, para derribar el viejo orden social heteropatriarcal que ha regido a nuestro pueblo durante milenios. Por el bien de nuestro amado pueblo debemos defender nuestros valores y nuestro estilo tradicional de vida y de familia, de los ataques e injerencias de estos cuatreros del lobby rosa al servicio de los poderes fácticos transnacionales.

LUCHA OBRERA

Hay que tomar nota de los grandes acontecimientos de la historia, para saber qué hacer llegado el momento de la revolución. El adormecido pueblo occidental cree que, solo por el mero hecho de vivir en Europa, ya tiene sus derechos asegurados. No imaginan cuán equivocados están. Los derechos no caen del cielo ni tampoco nos los regalan los poderosos a cambio de nada. Sangre, sudor y lágrimas han sido el pago a las gestas revolucionarias. Los enemigos del pueblo no cesan en su actitud opresora por las buenas; quién lo quiera entender que entienda. No seré yo el que incite a nada, pero tampoco me quedaré callado. Sé que los Amos del Pensamiento y sus esbirros examinan con lupa, cada una de las palabras revolucionarias que se escriben en este libro; pero eso no debe ser excusa para la inacción. No podemos aguantar más; la Clase Obrera Blanca se muere de hambre. Es cuestión de vida o muerte.

Siempre pagamos los mismos las deudas de los poderosos y esto no puede continuar. La dictadura del capital ha llamado a la puerta de Europa insistentemente y, por desgracia, se la hemos abierto de par en par. Admitámoslo, en el fondo la culpa es nuestra. No hemos hecho nada realmente útil, para librarnos de las cadenas que nos han impuesto los tiranos de traje y corbata. Hemos claudicado a la primera de cambio; sin tan siquiera mirar mal a nuestros verdugos. Muertos en vida, muertos en nombre del capital, apátridas sin futuro; lamentablemente, eso es lo que somos.

Son tiempos difíciles para el proletariado blanco; tiempos de miseria, pobreza y represión. Cada día que pasa, se hace más fina la línea que separa el trabajo asalariado de la servidumbre esclavista. De todas maneras, de nada vale sorprenderse. Ellos, los que mandan, llevan toda la vida igual. El codicioso patrón burgués actual es, simplemente, una evolución engominada y trajeada del señorito terrateniente del pasado; el cual se creía con derecho de ser, por obra y gracia divina, juez y verdugo de los pobres campesinos que por desgracia vivían bajo su despótico mandato territorial.

El gobierno actual del Partido Popular, en contubernio con la patronal de empresarios, quiere exprimir hasta la última gota de nuestros derechos laborales. Nos dicen que no hay beneficios, que el despido y la bajada de sueldos ayudarán a la economía. Cacarean que debemos ser patriotas responsables, de esos que se quedan en casa y no se manifiestan. En definitiva, quieren que nos resignemos a malvivir en la miseria. Pero yo digo:

¿Patriotas por qué y para qué? ¿Para seguir fomentando este desigual modelo social? ¿Para alimentar las codiciosas barrigas de los especuladores financieros? ¿Para qué la patronal pueda seguir viviendo a cuerpo de rey, gracias al sudor y a la sangre de los obreros blancos?

Spain is diferent. En menos de diez años, hemos pasado de una dictadura marxista a otra de carácter derechoide. Y el pueblo español, como siempre, sigue sin aprender. La aburguesada y rancia derechona pepera no ha evolucionado en siglos. Si fuera por ellos, implantarían de nuevo el Diezmo para tener contentos a sus amigos del clero. Los reaccionarios que nos gobiernan han bajado las pensiones, aprobado por ley el despido libre, subido la luz, los carburantes, el sueldo de la Casa Real, han anunciado el copago sanitario... Y yo me pregunto:

¿Este es el supuesto cambio que nos proponían en las elecciones pasadas? ¿Cambiar morir de hambre con Zapatero, a morir trabajando con Rajoy para no morir de hambre?

Los esbirros mediáticos del Partido Popular claman desde sus púlpitos televisivos, que su queridísimo líder hace estos recortes por nuestro bien. Esto me recuerda al típico argumento de los maltratadores; los cuales, tras golpear a sus víctimas aún les dicen:

"Te pego porque te quiero".

Otro de los típicos recursos argumentativos que suelen utilizar estos sicarios de la información, para justificar sus atropellos a la Clase Trabajadora; es el de recurrir al famoso mantra:

"Sí, somos malos, pero Zapatero fue peor".

Un mal menor no sustituye a un mal mayor. Al final, el pésimo gobierno de Rajoy terminará por convertir en santo a nuestro anterior sátrapa: Zapatero. Con este gobierno hay dinero para subvencionar a los bancos, a los empresarios corruptos, a la Iglesia, a la Alianza de Civilizaciones, a las nuevas mezquitas y sinagogas que se están construyendo por todo suelo patrio... En cambio, las cosas cambian cuando hablamos de temas de vital importancia como son las pensiones, la educación o la sanidad. La derecha pepera argumenta que debemos ser austeros, que estar sano o que vivir en una casa propia; son lujos superfluos que pueden ser prescindibles. Minimizan el trauma que supone vivir con toda la familia en la calle, después de haber sido expulsados de su hogar. Siempre han considerado que la sanidad y la educación son solo para los ricos, para ellos. Y al haber estado valiéndonos de ella durante todo este tiempo, debemos pagar con retroactividad los servicios que nos han prestado.

Los gurús del rajoyismo odian al trabajador español porque, no tan en el fondo, odian a España. Consideran que el pueblo español es culpable de la crisis. Según ellos, los más humildes se han mal acostumbrado y ahora deben asimilar la nueva situación; aprendiendo a vivir, día a día, sin tener nada que comer. Una caja de cartón y un cubo de basura es todo lo que necesitan, dicen los rajoyistas mientras sueltan falsas promesas de recuperación. Lo que no han calculado estos burócratas derechoides, es que todo pueblo tiene su límite. Tarde o temprano, van a terminar pagando los excesos dictatoriales que están cometiendo contra nuestra clase y nuestra gente. Ni todos sus órganos reaccionario-represivos conseguirán frenar la justa furia de un pueblo alzado en armas, contra los codiciosos mandatarios que se han estado aprovechando de él. En la batalla por la justicia social:

"O se está del lado de la solución que aporta la rebelión del pueblo o se está con los tiranos que serán ajusticiados tras su caída".

Los intereses del trabajador español están por encima de las aspiraciones personales. La mayoría de los líderes obreristas están tan ciegos y sordos, por querer buscar algo que simplemente no es real ni natural, y que de serlo, obedecería al márquetin capitalista; que nos han debilitado con sus quimeras. No estamos aquí para seguir como borregos a un líder o jefe que nos diga en todo momento qué hacer y qué pensar. Trabajar por nosotros mismos, en beneficio de nuestro pueblo y nuestra gente, debe ser nuestro objetivo primordial. Todos somos igualmente necesarios y, a la vez, prescindibles en esta sociedad. El caudillismo patriótico social que algunos buscan y defienden, simplemente es un ente que sirve de escudo a todo tipo de políticas totalitarias anti obreras.

Lo importante en nuestra lucha y muchos lo habéis olvidado, además de la defensa de la patria y la exaltación de la bandera, es asegurar la supervivencia de la raza Blanca. El simple hecho de ser trabajadores blancos, nos debe hacer sentir orgullosos. Los grandes imperios no fueron levantados con el sudor de los burgueses y de los nobles. La sangre de las familias blancas que lo dieron todo por los suyos, fue la verdadera fuerza motriz creadora. Estos héroes del Proletariado Blanco tenían hermanos y hermanas, esposas y esposos, hijas e hijos. Eran como yo, como vosotros; gente corriente que hacía lo que tenía que hacer. Seamos serios, la mayoría de los blancos no somos ricos, ni empresarios, ni nobles; somos obreros y debemos estar orgullosos de ello.

Para que España sobreviva, necesitamos que todos rememos en la misma dirección. Sin ayudarnos los unos a los otros, nunca podremos avanzar. El pueblo es el verdadero epicentro del poder. Ningún movimiento marcará la diferencia si no tiene el favor de la Clase Obrera. Los humildes son quienes mantienen viva a la patria. Los desheredados de la tierra lo somos todo, aunque no le importemos a nadie. Ha llegado la hora de poner los puntos sobre las íes, sin pelos en la lengua, sin tapujo alguno; no dejándonos amedrentar por lo que la reacción o la ultra izquierda puedan ladrarnos por decir la verdad.

Los oscuros y aciagos días de puños cerrados, alzados al aire de una manera siniestra y amenazante, han regresado gracias a la derechona rajoyana. Examinando la catadura moral y social de los sujetos que nutren los movimientos de extrema izquierda, nos daremos cuenta de que en verdad no están luchando por el obrero de a pie; el cual tiene que levantarse a las seis de la mañana y trabajar más de once horas al día para un burgués capitalista, que lo exprime como si fuera una naranja. Estos individuos progresistas, los cuales dicen defender a nuestra clase social, son aliados de la oligarquía. A través del pan y el circo revolucionario y asambleario del 15-M, nuestros gobernantes pretenden distraernos mientras se siguen llenando los bolsillos. Si no me creéis, planteaos las siguientes cuestiones:

- Si en verdad los podemitas protestan por las injusticias sociales generadas tras explotar la burbuja capitalista: ¿por qué han esperado tantos años para salir a la calle a luchar por una vivienda digna para todos?
- ¿Cómo es que hasta ahora muchas de las organizaciones que nutren al movimiento Podemos han seguido recibiendo fondos, estatales e internacionales, de los mismos burócratas contra los que dicen luchar?

Podría seguir planteando estas y más cuestiones a todos aquellos convencidos de que, asistiendo a las convocatorias de los grupos organizadores de la farsa renovación política, están luchando por algo justo. Pero como bien dice el sabio refranero popular:

"No hay peor ciego que quien no quiere ver".

Los poderosos siguen siendo poderosos y los pobres seguimos siendo pobres. Lo único que cambiará apoyando a nuevos iluminados asamblearios es que, además de pobres, los españoles seremos un poco más esclavos. Los intereses de esta camarilla complutense no son los nuestros. Los espantajos podemitas son solo eso; muñecos de paja destinados a distorsionar la realidad e intoxicar la mente de la clase obrera con sus perniciosas consignas. Con casi siete millones de parados y subiendo, no podemos ignorar la realidad que nos rodea. No vale con salir y montar una batucada, cantando cuatro eslóganes progres; los cuales han sido ideados por ricos para la masa aborregada. Seguirle el juego a esa izquierda caviar, en la práctica supone una traición a los nuestros. Por eso, hay que apartarse de todos aquellos empecinadores que entorpecen nuestra marcha hacia la liberación.

La lucha por la dignidad social solo entiende de vencedores y vencidos. Nuestros parlamentos no son más que una cueva de ladrones. España se encuentra en plena subasta. Nuestros gobiernos se venden al mejor postor y como aval ponen la vida y el futuro de los españoles; hipotecando su mañana en aras del desarrollismo capitalista. El patrón, los burgueses, los aristócratas, en definitiva: los que mandan y siempre han mandado; nos quieren vender los ojos, para que no nos demos cuenta de esta nueva realidad. Quieren cortarnos las alas y mantenernos presos en su jaula consumista. No soportan vernos volar libres. Olvidan que ya no queremos pícaros lazarillos que nos guían con una mano, mientras nos roban con la otra. No necesitamos de ningún apoyo para sostenernos. Nuestros cuerpos y nuestras almas han madurado lo suficiente como para poder librarse del yugo de la muleta capitalista que tanto nos ha retrasado. El camino ya está andado, solo nos queda lo más difícil:

"Atrevernos a dar el primer paso".

AMOR BLANCO

Os quiero hablar sobre el amor, "el Amor de Raza". ¿Qué es lo primero que os viene a la cabeza al meditar sobre ello? Matrimonio, hijos, familia... Si eso es lo que pensáis, no vais mal encaminados. El motivo que me lleva a escribir sobre un tema tan desconocido e incómodo, sobre todo para ciertos puristas ideológicos; es el de tratar de explicar en pequeños trazos cómo debe ser llevada una relación socioafectiva sana, entre hombres y mujeres, según los cánones identitarios.

La sensación que produce un amor correspondido da como resultado un sentimiento de felicidad, que nos transporta a un estado emocional de perpetua alegría; fruto de sentirnos atraídos por la otra persona. En cambio, cuando ese enamoramiento no es correspondido, el individuo tiende a comportarse mezquinamente; retroalimentando su frustración con pensamientos lúgubres y vengativos. Esto es debido al escaso desarrollo emocional del sujeto. Su conducta hedonista le impide apreciar objetivamente la situación y examinar qué fue lo que pudo fallar o por qué esa persona no le ha correspondido como quisiera.

Demasiadas veces, los verdaderos motivos que nos llevan a iniciar una relación de pareja se alejan del prototipo del típico cuento de hadas; en los cuales, por suerte, el amor altruista es lo único que hace falta para poder ser feliz. El amor en las parejas blancas occidentales ya no se vive desinteresadamente. Con el paso del tiempo y de la rutina diaria, los conflictos y desencantos nos enseñan la cruda y semítica realidad de nuestro comportamiento. Muchas veces, el único motivo por el cual estamos con la otra persona es el de utilizarla con fines sexuales o económicos. Este tipo de actuaciones despreciables se deben, en gran parte, a que hemos olvidado cómo llevar una relación de pareja moralmente sana; debido a la falta de ejemplos prácticos.

El ser humano aprende a través del acto de la imitación; asimilando, como propios, los comportamientos observados. La nociva propaganda vertida desde los medios oficialistas, ya sean televisivos, periodísticos, o radiofónicos; se encuentra repleta de sexo, egoísmo, crueldad y materialismo. Los ideólogos de lo políticamente correcto buscan con sus aberrantes creaciones, envenenar la mente de los individuos occidentales; los cuales, desgraciadamente, han dejado de pensar por sí mismos desde hace mucho tiempo. Envenenando y envileciendo el espíritu de nuestros niños y jóvenes, logran que nuestra raza asimile como propias este tipo de conductas perniciosas; tanto para su propia persona, como para la supervivencia étnica en general.

Debemos saber detectar, en cualquier momento, cuando una relación de pareja deja de ser saludable. Un claro indicador de que la conducta propia o la de nuestra pareja se ve influida, peligrosamente, por comportamientos alejados de los cánones de amor y respeto que deberían guiarnos; es cuando las faltas de respeto entre la pareja tanto a nivel físico, verbal o emocional, comienzan a volverse rutinarias.

Los roles en las relaciones deben alejarse de los principios sexual-animalísticos, de corte hedonista, que desgraciadamente guían los designios de la gran mayoría de individuos de raza caucásica. Las mujeres y hombres blancos son diferentes en su exterior, pero igual de válidos en su interior. Cada uno cumple una función fundamental para el sostenimiento de la raza. No hablo de una absurda paridad sin fundamento alguno. Se trata de dar y recibir altruistamente; evitando caer en una lucha de poder constante. Las mujeres y hombres identitarios deben empezar a comprender la importancia que tienen en el ecosistema racial. El pueblo blanco es una minoría entre toda la marabunta de color que lo rodea. Por eso, la venida al mundo de un nuevo y pequeño retoño debe ser una gran noticia; dentro de esta época de infertilidad étnica y de mezcla racial que nos ha tocado vivir.

Aunque muchos de mis lectores sois jóvenes, debéis saber que vuestra edad no debe ser obstáculo o una excusa que os impida preocuparos por el bien de nuestro pueblo. No me refiero a que tengáis hijos ya. Pensar en tenerlos a temprana edad, es más que descabellado. Nosotros, los blancos, no somos bárbaros. Esa decisión hay que meditarla y madurarla, pensando bien qué sois y qué queréis llegar a ser.

La propaganda feminista les dice a las jóvenes blancas que ser madre está mal. Bajo su trastornado criterio, toda mujer independiente debe ser promiscua, bisexual, defender las relaciones mixed... Las feministas occidentales intentan, con su ponzoñosa demagogia, fomentar el genocidio anti blanco a través de una estúpida guerra de sexos. Estas hijas del capital olvidan que las madres, abuelas y bisabuelas blancas lucharon por sus hijos y su familia en tiempos mucho más difíciles que los nuestros. Sabían y sentían que tenían el deber de asegurar un mañana para los niños blancos. Ellas sí eran unas mujeres verdaderamente libres y no simples esclavas del sistema; tal y como lo son las hembristas actuales.

Nuestra sociedad se encuentra sumida en la más profunda y abismal oscuridad. Son tiempos difíciles, tiempos de un materialismo e individualismo deshumanizante. Casi nadie se preocupa por el prójimo y mucho menos por su herencia racial. Las relaciones de pareja se ven afectadas por este clima de negatividad. Es por ello que, al mirar a los ojos de un pequeño e indefenso bebé blanco y ver en ellos la chispa de las ganas de vivir; debéis recordar vuestra sagrada misión de protegerlo a él y a los demás que están por venir. No todo está perdido; siempre y cuando cada uno pongamos de nuestra parte. Aún hay esperanza, debemos ser fuertes y luchar para asegurar la existencia de nuestro pueblo y un futuro para los niños blancos. Tenemos la obligación y el derecho de darles una vida mejor; forjando una sociedad mucho más limpia y libre. Ellos son nuestra única esperanza.

RACISMO ANTIBLANCO
(GENOCIDIO SILENCIADO)

Me gustaría abordar un tema de suma importancia para todos nosotros; hablo, concretamente, del racismo anti blanco. El odio anti blanco no conoce de fronteras ni de credos. Es internacional, interracial, marxista y, por ende, prosionista. La aborregada sociedad occidental no debe darse cuenta de este genocidio no tan silencioso. Por eso, los cuerpos de los inocentes despedazados por las garras homicidas de aquellos que nos odian, son amontonados en una esquina; mientras sus nombres son borrados por la censura oficial. Los enemigos de nuestro pueblo van ganando la partida. Esto se puede comprobar en dos hechos inquietantes que, de verdad, deben empezar a preocuparnos. Hablo de:

- La agresividad, violencia e intolerancia que están utilizando los nuevos europeos para impedir, de la manera que fuere y al coste que sea, que todo aquel que piense diferente a ellos pueda ejercer su derecho universal a poder opinar y expresarse libremente.
- La parsimonia típica de una mentalidad de esclavo de los seguidores del pernicioso mantra: "Papeles para todos", da como resultado que estos traidores toleren,

amparen, convivan y hasta permitan que los extremistas les agredan, increpen, humillen de una manera constante y violenta, sin hacer nada para impedirlo; dando la callada por respuesta.

En incontables ocasiones, los canales televisivos, periódicos o radios españoles pasan por alto cierto tipo de leyes y recomendaciones cívicas; permitiendo, conscientemente, que en su programación los comentarios ofensivos de carácter anti blanco estén a la orden del día. Uno de los canales que más fomenta este tipo de odio y discriminación racial en su programación es el canal MTV. Citaré varios ejemplos al azar como prueba de ello:

- Copresentador afroamericano del programa Vergüenza Ajena le dice al presentador blanco después de ver un vídeo de animales: "Ni los perros blancos tienen ritmo".
- Programa de videoclips donde examinan el talento de los artistas. Durante la retrasmisión del vídeo musical de un grupo americano llamado Dream, formado en su mayoría por chicas blancas, aparecieron en la pantalla comentarios del tipo: "Grupo demasiado blanco", "Parecen un concurso de Miss Texas (haciendo clara referencia, en sentido peyorativo, a que eran blancas)", "No tienen alma (echándoles en cara no tener a nadie más negro en el grupo)".
- Mismo programa de videoclips que el anterior. Esta vez, el vídeo analizado era el de un grupo de chicos blancos, a los que llamaban: "Blanquitos bien posicionados"; mostrando especial atención en su color de piel.

Pero no solo de la MTV vive el racismo y la xenofobia anti blanca que fomenta el odio en la sociedad española. YouTube, películas de cine, programas televisivos de diversa índole; también alimentan a este monstruo de la xenofobia.

- Programa Wipeout versión americana emitido por un canal secundario de la TDT. Concursante afroamericano le dice al resto de concursantes: "No sabía que los blancos supierais saltar".
- Titulo ofensivo y racista de una película de baloncesto emitida por un canal de la TDT: "Los Blancos no la saben meter".
- Película Epic Movie emitida por el canal NEOX. La bruja malvada de la película se llamaba literalmente: "Zorra Blanca".
- Famosa canción del grupo americano NOFX titulada: KILL ALL THE WHITE MAN (mata a todos los hombres blancos). YouTube aún la mantiene colgada en su página, ignorando claramente las leyes contra el racismo y la discriminación étnica.

Pese a los cientos de ejemplos que demuestran que los blancos somos las verdaderas víctimas, estos no resultan suficientemente convincentes para que las autoridades actúen de una vez por todas; cortando de raíz el clima de odio racial anti blanco que, desde los medios audiovisuales, se fomenta constantemente. El creciente clima de odio racial que sufrimos los blancos debe ser denunciado con nombres y apellidos de manera pública ante el Defensor del Pueblo, el Defensor del Espectador, el propio Gobierno, la policía y todas las instituciones públicas; las cuales, hasta ahora, no han hecho nada para atajar el problema. Es tiempo de alzar la voz y actuar; no de quedarse en casa tirado en el sofá. Cualquier agresión racista anti blanca es delito; por lo tanto, hay que ser valiente y denunciarlas. No olvidéis que:

"Sí os quedáis callados, también seréis cómplices de sus agresiones".

Nunca verán a ningún político de nuestro sistema partitocrático hablar sobre el racismo anti blanco. Para ellos, esta lacra es irreal y si existe, debe ser ocultada a toda costa; cueste lo que cueste y caiga quien caiga. Los blancos, parece ser que somos culpables de todo lo que nos pase. Existe una ley internacional no escrita, que exime a los otros pueblos de cualquier tipo de culpa sobre un crimen; si este tiene como víctima a alguien blanco. Esta verdad tan horrible e inhumana hace que se me estremezca el corazón.

Todos conocemos el caso de la española Sandra Palo (violada, apaleada, atropellada y quemada por un grupo de gitanos). Pocos españoles, en cambio, saben de la joven danesa de catorce años que se suicidó después de ser violada por un grupo de negros; tras comprobar que las autoridades de su país, en lugar de defenderla, la criminalizaban. Y casi nadie recuerda a la pareja de jóvenes americanos formada por Christian y Channon; quienes fueron secuestrados por una pandilla de negros, torturados y violados durante varios días, hasta que sus captores decidieron poner fin a sus vidas.

Casos como estos y la censura que los silencian son el pan de cada día para nuestras víctimas. ¿A quién le importa que los granjeros bóer sean masacrados en Sudáfrica? ¿O que las jóvenes nórdicas tengan que teñirse el pelo de negro, por temor a ser violadas por individuos árabes? ¿Aún se puede decir públicamente que el 75% de los violadores en Occidente son individuos de color y el 100% de sus víctimas son blancas? Permítanme dudarlo. La información que no es del gusto de los Amos del Pensamiento, pronto es censurada y eliminada de la historiografía oficialista.

Las hordas de violentos elementos no blancos, en conjunción con la extrema izquierda, se han adueñado de los colegios, calles, institutos, universidades, locales de fiesta... En cada zona invadida, instauran su imperio del terror y de la violencia gratuita; acosando, agrediendo y, en el peor de los casos, asesinando a gente inocente. Muchas de las víctimas, tras sufrir la traumática opresión de los violentos, se encuentran indefensas y desamparadas; sin saber qué hacer o a quién acudir. Esto debe terminar de una vez por todas. Ha llegado la hora de los valientes. Digamos las cosas tal y como son, sin temor a represalias; conscientes de que nuestro pueblo y nuestra raza no pueden seguir viviendo de esta manera.

A pesar de que los más importantes noticieros occidentales no hablen de ello, los crímenes horrendos cometidos sobre nuestra gente van en aumento. Con la información que voy a relatar a continuación, no pretendo lucrarme con un sensacionalismo barato. Simplemente, trato de ser consecuente con la sangrienta verdad que se está instalando en el mundo.

ESPAÑA:

- Mestizo colombiano dio una paliza a una anciana de 90 años de Tui (Galicia) para robar en su casa.

- Subsahariano golpeó brutalmente a joven español en Son Gotleu.
- Marroquí intentó asfixiar a anciana de 83 años en Algeciras para robarle.
- Argelino violó a una turista en Barcelona.
- Magrebí intentó secuestrar a niña de 2 años delante de su abuelo.
- Un mantero guineano asesinó de una brutal paliza a un anciano blanco de 90 años.
- Adolescente sevillana fue agredida mientras regresaba a casa en el metro por once magrebíes menores de edad; los cuales, supuestamente, estaban bajo la tutela de la Junta de Andalucía.
- Niña de 14 años fue violada anal y vaginalmente por un magrebí que la había abordado a la puerta de su casa.

FRANCIA:

- Joven francesa fue golpeada brutalmente en la calle, tras negarse a hablar con un grupo de inmigrantes centroafricanos.
- Joven francés fue linchado en un autobús por un grupo de argelinos mientras intentaban robarle.
- Anciana francesa fue apaleada, sin piedad, en el portal de su casa por un subsahariano que intentaba robarle el bolso.
- Grupo de negros y magrebíes atacaron e intentaron violar a una joven blanca que asistía a una fiesta tecno.

SUECIA:

- Adolescente sueca se suicidó tras haber sido violada por un grupo de negros somalíes.
- Después de intentar robar su bicicleta, un somalí violó a una mujer sueca sobre los cristales rotos de una botella.
- Tres refugiados somalíes golpearon brutalmente a un chico sueco.
- Inmigrante nigeriano que solicitaba asilo, violó a una niña de 13 años; hija de uno de los trabajadores de mantenimiento del centro de inmigrantes.

EEUU:

- Pareja blanca fue secuestrada, torturada, golpeada y violada (tanto el chico como la chica) por un grupo de cinco afroamericanos.
- Niña de 12 años fue asesinada por cinco negros en el estado de Carolina del Norte.
- Carter Strange, joven blanco de 19 años, murió víctima de la paliza que le propinaron ocho afroamericanos.
- Anciana blanca ciega fue golpeada, por pura diversión, por un afroamericano en un autobús.
- Enfermeras negras y mexicanas maltrataron a ancianos blancos en un hospital de Cleveland.

- Dos afroamericanos asaltaron a discapacitada blanca en una gasolinera.

Podría seguir citando cientos de miles de casos de cualquier nación blanca del mundo; demostrando como los supuestos odiados, en realidad, son los verdaderos odiadores. Solo un necio negaría la realidad. Nuestro pueblo es perseguido y masacrado, como antaño lo fue el pueblo alemán después de caer derrotado en la Segunda Guerra Mundial; pero, aun así, no despertamos. Los tiranos son demasiado fuertes y la mayoría silenciosa de la que también formamos parte, vive atemorizada por las funas que causan las palabras policía.

Los políticamente despiertos somos los Odiados y lo sabemos; pero, a diferencia de los Odiadores, no tememos a la verdad. Es más, la buscamos en cada una de nuestras acciones. Para ahogar nuestra voz nos recuerdan lo malos que fuimos en un pasado y lo mucho que sufrieron los Buenos Salvajes que hoy nos odian: "Que si la Reconquista y la expulsión de los moriscos y judíos de la Península Ibérica"; "Que si la Conquista de América y la muerte de los indígenas"; "Que si la esclavitud de los negros en USA"; o "Que si el tan raído Holocausto de la Segunda Guerra Mundial".

Pero eso sí, a nadie parece importarle el genocidio anti blanco que se está llevando a cabo en el África negra; amparado legal y moralmente por el silencio de Europa. El mundo occidental gira la cara y agacha la mirada, para no ver los miles de cuerpos amontonados de los inocentes granjeros blancos y de sus familias. Tampoco nadie se lamenta por los tres millones de mujeres alemanas, muchas de ellas niñas, que fueron violadas por el ejército soviético tras la caída de Berlín. Pocos recuerdan a los millones de soldados patriotas que perecieron durante su largo camino a los Gulags Soviéticos, una vez se rindieron a las tropas Aliadas; las cuales, antes de su capitulación, les habían prometido que no serían entregados al Gigante Rojo. Por supuesto, dicho acuerdo fue roto una vez esos bastardos les echaron la mano encima.

La Historia, con H mayúscula, la escriben siempre los vencedores y por eso la moldean a su antojo, contando todo tipo de mentiras y falsedades; las cuales les sirven de cuartada para justificar o esconder sus crímenes. Pero para eso están autores valientes y decididos como Pedro Varela, William Luther Pierce, J. Bochaca, David Irving, Ramón Bau, David Duke, Ernst Zündel o el humilde servidor que os escribe: J. Carlos da Costa; para contaros todo aquello que los Amos del Pensamiento os intentan ocultar.

> África ha de ser para los africanos,
> Asia para los asiáticos
> y Europa ha de ser para todos.

Todo el mundo se opone al exterminio masivo del pueblo tibetano por parte de las autoridades chinas o a la ocupación ilegal del territorio palestino por los sionistas judíos. Pero:

> ¿Por qué nadie alza la voz por los sin voz?
> ¿Por qué nadie defiende a los blancos?

Nadie escucha nuestros gritos de dolor. La sangre inocente de las mujeres y niños blancos asesinados en aras del multiculturalismo transnacional, es limpiada con las mangueras informativas de la demagogia televisiva.

¿Acaso no es mejor ver La Isla de las Tentaciones o la Sexta que saber la horrible verdad que les está sucediendo a nuestros hermanos?

Cuando un pueblo no lucha por su supervivencia, otro ocupa su lugar. Eso es lo que nos está sucediendo. Nuestro pueblo vive esclavo de su propia cobardía. Los blancos hemos perdido nuestro instinto de supervivencia, nos hemos negado a seguir luchando y hemos aceptado nuestro aciago destino. Nos dirigimos mansos y calmos al matadero de la multiculturalidad. Los grilletes ya están puestos en nuestros pies. Nuestros captores afilan sus cuchillos, henchidos de un ardiente odio étnico; para rebanar nuestros pálidos cuellos. ¿Quizás estoy exagerando? No señores y señoras, no. La realidad es mil veces peor de lo que podáis pensar. Que no la conozcáis, no implica que ésta no sea así. La ignorancia no sirve de excusa alguna, cuando la vida de los tuyos peligra. Hombres, mujeres, niños y ancianos blancos; todos pereceremos víctimas de este odio irracional, si no hacemos nada para evitarlo. Pero:

¿Qué hacer o a quién acudir?
¿Un hombre solo puede cambiar las cosas?

Todo lo que se haga en este caso es poco. Los censores y sus siervos siempre están alerta; intentando que cualquier tipo de campaña, imagen o vídeo que denuncie esta situación sea borrado de la sociedad como si nunca hubiese existido. La cuestión es no desfallecer en nuestra lucha por mostrar al mundo la realidad. La verdad no debe conocer barrera alguna en su camino hacia la libertad. Los hechos, hechos son. Por mucho que la historia la escriban los vencedores, siempre que existan corazones puros dispuestos a luchar, la mentira terminará siendo derrotada. No existe causa más justa y noble que la nuestra. Es difícil, lo sé; pero nunca nadie dijo que una hazaña así, fuera cosa de débiles y pusilánimes.

Cuando golpean a un blanco por su color de piel, nos golpean a todos. Cuando una madre llora desconsolada al descubrir que han asesinado a su hijo únicamente por ser blanco, lloramos todos. Si una mujer es violada por ser de nuestra raza, nos violentan a todos. No y mil veces no. Yo ya me he cansado de callar; viendo, impasible, cómo nuestro pueblo tiene que soportar un sin fin de humillaciones. Los tiempos de poner la otra mejilla deben terminarse de una vez por todas, o ellos terminarán con nosotros. Debemos alzar la voz, estemos dónde estemos, y no permitir que nos callen.

La causa internacionalista blanca no debe conocer de fronteras, credos ni continentes. Nuestra sangre es el nexo que nos une y eso no debemos ni podemos obviarlo. El chauvinismo de muchos identitarios europeos o americanos dificulta, enormemente, el avance de nuestra causa y la lucha contra el racismo y la xenofobia anti blanca que se dan en Occidente. Con su actitud cainita, lo único que consiguen es desunirnos artificialmente; guiados en todo momento por maléficos y oscuros intereses. Cualquier defensor de los derechos civiles de los blancos es digno merecedor de nuestro respeto; sea de dónde sea y vote a quién vote. Por eso, me gustaría honrar en este humilde libro la figura y la memoria del gran héroe bóer: Eugene Terre´Blanche.

Durante toda su vida, arrastró el estereotipo del malvado amo blanco; un cuento chino ideado por los mismos que, hoy en día, mantienen abierta la cárcel más grande del mundo (Palestina). Terre´Blanche nunca dejó de defender los derechos de los blancos en Sudáfrica y, en especial, los del pueblo bóer. Lamentablemente, este valeroso y honorable luchador por los derechos de los blancos terminó siendo asesinado, cobardemente, por dos trabajadores negros; a los cuales, por mero altruismo, había ofrecido un puesto de trabajo en su granja.

El tema White Afrikáner que traigo a coalición es más que una historia de carácter personal. Como hijo y nieto de una familia de granjeros blancos provenientes del África negra, me veo en la obligación de otorgarle voz a los sin voz; dando a conocer, públicamente, el terrible drama que vive mi pueblo en África. Al tratar el tema político-social africano, el buen salvaje siempre es dibujado como la víctima de un sistema imperialista, que se guía por cánones racistas. Da igual el país que examinemos (Mozambique, Angola, Zimbabwe, Sudáfrica...) y la situación económica de la mayoría de su población. Los ataques racistas de los negros, quienes siempre tienen como víctima a alguien blanco, casi siempre son desdibujados con el torticero pincel de la desigualdad social.

El racismo anti blanco en África es un subproducto derivado de una descolonización apresurada e influida por la ideología capitalista. A través de los fulgurantes eslóganes libertarios que habían ideado los oligarcas transnacionales, con el propósito de desestabilizar las estructuras de las naciones africanas para apoderarse de sus ricos recursos naturales: oro, diamantes, coltán...; se fomentó la ignorancia y el fanatismo tribal de unos individuos que vieron en el Diablo Blanco el chivo expiatorio para todos sus males. Con la retirada de los ejércitos y autoridades europeas del continente africano, la caza del blanco se convirtió en algo cotidiano. Asesinatos en masa, violaciones en grupo, quema de granjas... Estos sucesos marcaron un punto de inflexión en la vida de miles de colonos blancos; cuyas familias llevaban más de trescientos años en el continente africano. Se vieron obligados a dejarlo todo: negocios, amigos, sueños, esperanzas...; y en el peor de los casos, algún familiar asesinado.

Las relaciones entre humanos a lo largo de la historia se han basado en un sistema de fuerza, que fundamenta sus principios más básicos en el poder que otorga la superioridad; ya sea civil, militar o económica. El sangriento pasado y presente de nuestro pueblo en África nos permite comprobar que la igualdad entre diferentes culturas y razas es inexistente, imposible e inviable. Por eso, los europeos deberían darse cuenta de que el racismo y la discriminación no tienen un único color; entendiendo, a la vez, que el orden natural es contrario a la convivencia multicultural. Y es que:

"Todo pueblo, entidad o individuo que no luche por su supervivencia, encontrará a otro que ponga fin a su existencia".

ESPAÑA

En teoría, el Derecho a la Libertad de Expresión se encuentra amparado en nuestro país por el artículo 19 de la Declaración Universal de los Derechos Humanos; aprobada y proclamada por las Naciones Unidas el 10 de diciembre de 1948:

"Todo individuo tiene derecho a la libertad de opinión y de expresión; este derecho incluye el de no ser molestado a causa de sus opiniones, el de investigar y recibir informaciones y opiniones, y el de difundirlas, sin limitación de fronteras, por cualquier medio de expresión".

Al establishment le interesa bien poco los derechos mismos que podamos tener como individuos. El término libertad es un elemento muy peligroso para la élite dominante de esta nación. Para contrarrestar su efecto hacen creer a la mayor parte de la población española, mediante sutiles campañas manipulativas, que pueden gozar de ella cuando se les antoje; aunque la realidad nos demuestra todo lo contrario. Pensar de una manera diferente o apoyar la lucha nacionalista y todo lo que ésta representa es etiquetado por los cortijos mediáticos como algo maligno a lo que hay que atacar, difamar y censurar; sin que medie provocación alguna por nuestra parte.

Quién hace la ley, hace la trampa. Con el propósito de llevar a cabo sus planes sin ninguna oposición, los políticos que nos gobiernan son capaces de pasar por encima de todos y de todo. Con la Ley Sinde y ahora Ley Gallardón, extienden su sistema represivo hacia todos los ámbitos. Se sienten tan impunes, que pueden permitirse el lujo de coartar nuestro derecho a la información. La hipocresía de la que hacen gala este tipo de gerifaltes, los cuales suelen llenarse la boca con el término democracia, queda en evidencia ante el silencio informativo que se da sobre nuestra lucha; demostrando la complicidad existente entre políticos y medios. Para todos estos sujetos solo existe un único razonamiento:

"Que mande el de siempre y que obedezcamos los de siempre".

Estos amantes de la prohibición casi han logrado sus objetivos por completo. Gracias a su monopolio mediático, pueden poseer el patrimonio exclusivo de la razón. Todos aquellos que queremos formar parte de un mundo libre, que deje de estar regido mediante la fuerza bruta de la represión, ejercida por los mismos que nos quieren seguir manteniendo desinformados para preservar su monopolio imperial; no podemos estar de acuerdo con la situación que se vive en España. Sus políticas liberticidas nos afectan a todos directamente y, según se puede comprobar, influyen en nuestras vidas en un sentido negativo.

Mucha gente inocente y desinformada se deja guiar por los falsos rabís que se sientan en el Congreso. Gran parte de los españoles se han habituado a obedecer ciegamente a los suyos, sin cuestionarse nada al respecto; y gracias a la vaselina mediática que les enchufan en sus periódicos y canales televisivos de cabecera, comulgar con ruedas de molino se les hace mucho más fácil. Los españoles debemos ser consecuentes con nuestros apoyos y actos, siendo conscientes de que el eje electoral izquierda-derecha nos debilita y desune. La gente que no piensa por sí misma, es la que alimenta al monstruo caciquil rojo y azul. La partitocracia del Régimen del 78 es el cáncer de este país; ya sea rojigualda o republicana. Da lo mismo quién gane; el pueblo español siempre pierde.

Por nuestro propio bien, deberías comenzar a dejar atrás tantos dimes y diretes guerracivilistas que tanto sufrimiento nos han causado. Va siendo hora de romper el tabú transicionista, tratando de dar con una fórmula que facilite el diálogo y el debate entre aquellos españoles que quieran conocer su pasado; los cuales, seguro, tendrán opiniones bien diversas sobre la República y el posterior alzamiento. Franco gobernó durante cuarenta años los designios de millones de españoles; ya fuera para bien o para mal. Depende de a quién se le pregunte, ya sean defensores del Bando Nacional o del Republicano; dirán que fue un Salvador o totalmente lo contrario, un Genocida. No hay unanimidad de criterios y de ahí la controversia que surge siempre que se trata el tema del franquismo.

Dos no pelean si uno no quiere y en 1936 no había opción a quedarse parado sin luchar o sin decantarse por alguno de los dos bandos. Si tenías la mala suerte de caer en Zona Republicana y eras, por ejemplo, católico practicante; el paredón de fusilamiento, el cual venía siendo las tapias de las iglesias cristianas, te esperaba. Pero cuidado, no os dejéis engañar. Tampoco les iba muy bien a aquellos con un pensamiento más a la izquierda, que vivían en los territorios conquistados por el Bando Nacional. A ellos también les esperaba un final de pólvora y plomo, y como lugar de eterno reposo: las cunetas de la carretera.

Los hijos de los ricos nunca mueren en la guerra y, menos aún, lo hacen aquellos que las fomentan. Desde la seguridad que aportan los Congresos o los búnkeres es muy fácil hacer y deshacer batallones enteros, avanzar por flancos no conquistados o defender posiciones indefendibles; como si de un simple juego se tratara. Yo siempre digo, y es mi opinión personal, que en una guerra civil no hay vencedores ni vencidos; todos pierden. Cuando los hijos se levantan contra los padres o los hermanos combaten entre sí, algo falla. Una patria que es incapaz de ser una madre para todos ellos, ha fracasado como tal.

España ha dado a luz a tres tipos de hijos: los que se sienten orgullos de su tierra e historia; los que afirman, con total parsimonia, que no tienen patria y que son ciudadanos del mundo; y los que defienden su tierra y sus raíces por mera tracción cinética, sin sentir realmente la llama del ideal patriótico. La patria que hoy pisamos y que es de todos, exigió su tributo de sangre a los aguerridos españoles del pasado. Multitud de enemigos han intentado doblegarnos sin éxito y nosotros seguimos en pie; les guste o no a los del segundo y tercer grupo. De los primeros han surgido infinitud de anónimos héroes nacionales, que han dado su vida por liberar esta tierra de las garras del invasor.

Deberías saber que el carácter indómito de nuestros antepasados, es lo que os ha permitido estar hoy aquí. La situación que estamos viviendo es un insulto a su memoria. La sangre española que corre en el interior de nuestras venas, es un recuerdo de lo que debemos hacer. Quedarse parado mirando, sin hacer nada, excepto para criticar a quienes sí hacen algo mientras todo se destruye; es algo tan español como la honorable valentía suicida y temeraria de la que hicieron gala los soldados españoles de la División Azul, caídos en combate por tratar de liberar a Europa del comunismo y del sionismo.

Desgraciadamente, los españoles actuales poco tenemos que ver con ellos. La mayoría de nuestra gente se siente obligada a acudir a depositar su voto en las urnas cada cuatro años, cuando los que mandan se lo imponen; pues creen que participar en la llamada Fiesta de la Democracia es un acto emancipador. Da igual que con su voto no se cambie nada; la cuestión es quedar, de cara a la galería, como buenos ciudadanos urbanitas de la Europa multicultural y multirracial que nos impone la Agenda 2030.

Los partidos políticos y sus secuaces mediáticos nos bombardean con todo tipo de propaganda demagógica. Nos tratan de vender el oro del moro; prometiéndonos que todos nuestros males acabarán, cuando alguno de sus gerifaltes bipartidistas acceda al poder. En este supuesto estado de derecho en el cual nos ha tocado vivir, una vez que estos aprendices a politicastro acceden al poder mediante las urnas, se olvidan de todo lo prometido durante la campaña electoral; dedicándose en cuerpo y alma a favorecer a sus amigotes y asociados. Nadie les obliga a rendir cuentas de sus malas acciones, frente al pueblo que dicen representar. La sociedad actual se encuentra tan adormecida y aborregada que se conforma con que el tirano de turno, eso sí, elegido muy democráticamente como mandan los cánones multiprogresistas; les permita seguir disfrutando de su pan y circo.

Nada ha cambiado en la Península Ibérica desde los tiempos del antiguo Imperio Romano. Los patricios han evolucionado en los actuales burgueses que nos representan; conservando intacto el gran poder político social del que gozaban en aquellos tiempos. Mientras tanto, el pueblo llano sigue viviendo en la ignorancia y en la miseria intelectual. El pueblo español sufre la prepotencia de un estado y un sistema que no toma en cuenta ni valora a la clase trabajadora como se merece. La todopoderosa maquinaría estatal defiende los privilegios de los poderosos, para perpetuar en el poder a parásitos reales como los de la Casa Borbón.

Aprovechando que el Pisuerga pasa por Valladolid y que nuestra tan idolatrada monarquía se ha regenerado, pese a que siguen navegando en lujosos veleros mientras el pueblo se muere de hambre; que mejor tema para enlazar en este apartado, que el de si debemos seguir confiando y manteniendo a nuestro nuevo y flamante monarca: Felipe VI. Al igual que su padre, el rey Juan Carlos I, Felipe no es más que un simple bufón filosionista; que no hace nada salvo vivir a cuerpo de rey (nunca mejor dicho), gracias al erario público. La farsa del autogolpe monárquico del 23-F le sirvió a su padre para afianzarse en el poder y la supuesta regeneración le ha servido ahora Felipe VI, para aposentar sus reales posaderas en el trono.

A base de represión administrativa, el pueblo español ha terminado por acostumbrase a convivir bajo el régimen de la monarquía bananera de los Borbones; la cual, tras su consagración constitucional durante la Transición, consiguió institucionalizar la dominación oligárquico-nobiliaria sobre todo el pueblo español. La familia Borbón está por encima de la ley y ellos lo saben. Los diversos casos de corrupción en los que se ha visto envuelta la Casa Real (Urdangarin y la Infanta), así lo demuestran. La ilegitimidad de la monarquía española reside, desde un punto de vista legal, en el importante hecho de que fue impuesta bajo coacción al grito de: ¡Monarquía o sangre y fuego!

La conjura monárquica del 23-F se realizó bajo la atenta mirada de los servicios de inteligencia del MOSSAD y de la CIA. Ambos asesoraron al padre de nuestro actual y "queridísimo" monarca, y a su círculo más íntimo de cortesanas políticas; de que la mejor manera para afianzarse en el gobierno español y que éste no derivara en un régimen republicano, era la de recurrir al terror que inspira toda guerra civil (eliminación política, social y física de los individuos). Por eso, Juan Carlos I se presentó ante la opinión pública como la única opción posible dentro de todo el caos político, que aseguraría la paz y prosperidad para todos los españoles. La farsa orquestada dio sus frutos y en la actualidad, Felipe VI, pese a que la valoración que tienen los españoles sobre la institución monárquica está en mínimos históricos, sobre todo entre la juventud; ocupa el lugar de su padre. Además, no debemos obviar el importante hecho de que la actual reina de España: doña Leticia, guarda un oscuro pasado repleto de drogas, abortos, divorcios, apoyo político a terroristas sudamericanos de extrema izquierda... Esto no hace sino que hundir en el desprestigio a esta anacrónica institución.

Ante este panorama político tan desolador, mi sentido patriótico me lleva a preguntar a los lectores:

¿Debemos seguir soportando y financiando a un régimen opaco que impide cualquier tipo de higiene democrática, cuando se le pide que exponga sus finanzas ante el Tribunal Público de Cuentas? ¿Por qué el pueblo español es el único que carga sobre sus hombros todo el peso de una crisis que ellos no generaron, mientras que, año tras año, el presupuesto millonario que va dirigido a la Casa Real no hace sino que aumentar?

Nada ha cambiado desde la Transición y lo peor es que la sociedad española ha ido involucionando. Es inconcebible que el pueblo español, en la actualidad, se vea obligado a seguir viviendo en servidumbre perpetua; rindiéndole pleitesía a una estirpe de reyes extranjeros que los oprimen y mangonean a su antojo, valiéndose de un supuesto derecho dinástico que los convierte en individuos superiores. El final de la monarquía no llegará por su propio pie, debemos empujarles a ello. El tiempo de los esclavos debe llegar a su fin. En una sociedad que dice ser avanzada, no existe cabida alguna para reyezuelos ni reyezuelas y mucho menos para infantas ladronas.

Todos los hombres y mujeres que se tengan por libres deben unir sus voces y gritar al unísono el siguiente mantra, si en verdad aprecian su libertad:

"El rey ha muerto; viva el rey y viva la república"

Algunos interesados podrían decir a favor de la monarquía, que la voz del pueblo no es sabia y que tampoco siempre lleva la razón. No es de extrañar que todavía existan esbirros felones que viven cómodamente en este régimen. Por eso, las cosas en España no han cambiado desde la muerte de Franco. El tiempo pasa, pero la estupidez humana permanece siempre eterna dentro de algunos individuos. Gracias a la inconsciencia manifiesta de muchos de nuestros compatriotas, se consiguió alcanzar la cuadratura del círculo con la elección en el 2004 del ex presidente del gobierno: José Luis Rodríguez Zapatero.

Su figura encarna a la perfección el ascenso de la mediocridad y del simplismo de la cultura del amiguismo político, del revanchismo cainita español y de la pedantería. Nuestro desleal ex presidente Zapatero se merece más que nadie en este mundo, ocupar un puesto insigne dentro de la lista de los enemigos de España; a la par del actual presidente Rajoy, el cual le anda a la zaga en lo que respecta a estupidez congénita y cobardía. Si miramos en cualquier diccionario el significado del término "ladino", además de referirse a mestizos de lengua judía, aparecen también los términos sagaz y taimado. Estas palabras definen la esencia misma del caudillo de los progres, del ideólogo de la Alianza de Civilizaciones. Zapatero nunca destacó ni como político, ni deportista, ni tan siquiera como persona en el concepto más general y amplio de la palabra. Desde sus comienzos como servil siervo de la causa de los Amos del Pensamiento, "ZP" siempre se arrimó al sol que más calentaba; aprovechándose de la típica conducta española del arrierismo más sesgado, con vistas a ir escalando peldaños en su ambicioso plan para obtener el poder supremo a costa de ajusticiar a la verdad y a la inteligencia bajo el garrote vil del integrismo marxista.

Antes de que la CIA en colaboración con los servicios secretos marroquíes, el CESID español y el Mossad preparara, ejecutara y posteriormente ocultara las pruebas que los implicaban en el golpe de estado encubierto que se produjo en el estado español el 11-M, con el propósito de derribar al gobierno de Aznar y perjudicar a su perrito faldero Rajoy antes de las elecciones; Zapatero no tenía opción real alguna para hacerse con la presidencia. Por casualidades del destino y de los intereses geoestratégicos de los jUSA, el PSOE se alineó dentro de esa conjura masónica transnacional y por arte de magia explosiva teníamos a un nuevo presidente más progresista y multiculturalista en el poder.

Desde el primer día de su legislatura, la permanencia en la jefatura del gobierno de Zapatero fue una acumulación de despropósitos y de frases carentes de sentido y de significado real: "La tierra no es de nadie, la tierra es del viento". Si esto fuera así, habría que preguntarle al ex presidente: ¿por qué los bancos embargan las casas a los pobres obreros que no pueden pagar su hipoteca, si en realidad la tierra no le pertenece a nadie? Su malsana obsesión con la guerra civil española y con restaurar la dañada imagen del cobarde y traidor de su abuelo, del cual heredó la capacidad de virar como una veleta hacia donde el viento soplara más favorablemente: "Hoy soy republicano y mañana me intento pasar al bando nacional, porque éstos han conquistado León"; le llevó a emprender una cruzada antifranquista contra todo tipo de símbolos, estatuas y lugares emblemáticos. En vano, trató de matar a Franco después de muerto o en su defecto, borrarlo de la historia a él y a todo su régimen para siempre.

El fanatismo integrista de este individuo tan anodino y siniestro no quedó restringido durante su mandato al asunto de la Memoria Histórica. La Ley de Igualdad de Género con sus cuotas de paridad estalinistas, el Ministerio de Igualdad y la Alianza de Civilizaciones también dan buena cuenta de la catadura moral de Zapatero y de sus principios excluyentes. ZP únicamente gobernó para aquellos que le rindieron pleitesía, mientras el resto del pueblo español tuvo que padecer su trato despótico y su falta de experiencia a la hora de afrontar problemas serios; como la crisis económica que nos está azotando desde hace años.

Aunque bien mirado, si Zapatero llegó a dónde llegó, fue porque una masa descerebrada de estómagos agradecidos lo encumbró al poder con sus votos. Aunque suene duro, debo decir que el pueblo español tuvo el gobierno que se mereció por su ignorancia. Seguro que más de uno se habrá sentido ofendido con esto último, pero la verdad es así: cruda, ruda y dolorosa. Basta de florituras y complejos; si este tipejo nos presidió durante ocho años, fue porque salió reelegido por segunda vez en unas elecciones sin atentados. Así que decidme: ¿por qué los españoles lo apoyaron? La respuesta es muy simple: lo apoyaron porque en el fondo son iguales que él; gente anodina, sin capacidad alguna para destacar por sus propios méritos, amigos de la ley del mínimo esfuerzo. Y es que en el país de los ciegos, el tuerto es el rey.

Una vez los flower power socialistas abandonaron la poltrona del poder, los peperos vinieron a ocupar con su mediocridad el hueco dejado por los hijos de la Internacional. Sus votantes engominados y repeinados les ayudaron a alzarse con la victoria. Echándose su polo de Lacoste sobre los hombros como bandera y adoptando a su tan apreciada raqueta de pádel como nuevo símbolo todopoderoso que unifica a los urbanitas de nuestro suelo patrio; comenzaron a desmontar todo nuestro estado del bienestar. Admitámoslo, no hay nada más caduco y siniestro que un individuo español de derechas y liberal. Este tipo de personajes representan todos los vicios y errores de una sociedad burguesa que vive anclada en los privilegios clasistas del pasado. Son poco más que una tara social; un eslabón perdido que se ha mantenido estático en el tiempo, sin haber conseguido evolucionar como individuos. Lo peor es que fundamentan sus creencias político-sociales en el dinero y en el poder burgués.

Los militantes del PP se dicen patriotas, pero en mi humilde y campechana opinión no son más que una bufonesca comparsa real; muñecos de paja, veletas liberales que apuntan hacia donde los mercados transnacionales les indican. ¿Por qué digo esto? ¿Quizás soy muy duro con ellos? Debéis tener claro, mis queridos lectores, que no hay nada honorable en la postura pública adoptada por estos sujetos. No se puede ser patriota sin tener una conciencia identitaria seria y estos caballeretes carecen al completo de ella. Y entonces, ¿qué les queda? Sin principios ni creencias, sin identidad ni ideología propia, sin valores ni honor; los políticos del Partido Popular son cáscaras vacías, preparadas para ser rellenadas por los principios filo-sionistas de sus líderes, amos y mentores. Sino, decidme:

¿Qué avances, logros o beneficios han aportado estos sujetos a nuestra sociedad y en especial a nuestra clase social?

Quizás mi lengua resulta demasiado hiriente o indigesta para estos estómagos agradecidos. Muchos se han podido sentir atacados, pero les daré un pequeño consejo. A todos aquellos posibles pequeños proyectos de derechoides que quizás y repito, solo quizás, me estén leyendo, les digo:

"Aunque el liberal se vista de seda, liberal se queda"

Antes de proseguir, me gustaría darle mi más sentido pésame a España y a todos los españoles en general. La derecha tiene el poder absoluto y por eso vivimos tiempos oscuros; de opresión, miseria y capitalismo salvaje. España se ha convertido en un territorio sin ley, al más puro estilo Mad Max; donde los patronos capitalistas de derechas camparan a sus anchas, explotando hasta la extenuación a los pocos obreros libres que aún quedan. Los burgueses se relamen, tratando de anular todos nuestros derechos. Leyes mordaza, toque de queda, brutalidad policial, tortura... Estas acciones y muchas otras más se han convertido en el pan de cada día, gracias al gobierno del Partido Popular. Las detenciones indiscriminadas de todos aquellos que discordamos con su política represiva se suceden sin parar, mientras los titiriteros sionistas sonríen orgullosos por la crueldad de sus vástagos peperos. Si algunos pensabais que con el gobierno de ZP las cosas nos iban mal, habréis podido comprobar que con estos derechoides nos van mucho peor. Durante la campaña electoral, el verdadero plan del gobierno de Rajoy nos fue sibilinamente ocultado. Su silencio los delataba, su silencio no hacía sino que confirmar todos nuestros temores; pero solo unos pocos nos dimos cuenta de que su silencio, suponía en la práctica nuestro fin.

No corren buenos tiempos en España para la gente de bien. Ahora más que nunca debemos permanecer unidos y no ceder ante el empuje de las hordas prosionistas del PP, si no queremos desaparecer como pueblo. Pero no caigáis en los cantos de sirena de opciones políticas menos fiables. La calle no puede ni debe ser tomada contra las injusticias de la derecha, solo por la izquierda. Se acercan momentos clave para nuestra supervivencia. Como no hagamos algo, desapareceremos. No podemos dejar que los enemigos de España sigan destruyendo esta gran y magnífica nación.

INDICE

- **AMOS DEL PENSAMIENTO (15)**

- **CENSURA (25)**

- **INMIGRACIÓN (31)**

- **NATURALEZA (42)**

- **ESCLAVITUD SEXUAL (48)**

- **HOMOSEXUALIDAD (55)**

- **LUCHA OBRERA (73)**

- **AMOR BLANCO (81)**

- **RACISMO ANTIBLANCO (85)**

- **ESPAÑA (98)**

OTRAS OBRAS DEL AUTOR

PATRIOTISMO O BARBARIE
(Nacional Revolucionarios del siglo XXI)

¿Qué significa, a día de hoy, ser patriota? Casi nadie sabe, realmente, qué se oculta detrás de la definición de patriota. Los patriotas somos una especie en extinción, una rara avis, seres cuasi mitológicos de los que solo se conoce de su existencia por antiguos y polvorientos legajos que son despreciados por el hombre moderno. De ahí la importancia de preservar, defender y avivar la diminuta y casi extinta llama nacionalista que, se supone, anida en los escasos corazones europeos que todavía no han caído cautivos de la desinformación.

AENIGMA IUDAICUM

(De Mesopotamia a la Tierra Prometida)

A lo largo de la historia, ríos de tinta han corrido respecto a la cuestión judía. Son numerosos sus detractores, pero también sus defensores. Cuando se toca la cuestión judía no hay lugar para medias tintas o para plumas pusilánimes: o los amas o los desprecias. Nunca nadie había conseguido generar tal cantidad de sentimientos encontrados: «Incluso en sus mayores defectos, el judío puede ocultar alguna de sus mayores virtudes».

Al evaluar la actuación de la problemática judía a lo largo de la historia, se puede observar cómo esta abarca diferentes conceptos: políticos, sociales, económicos, religiosos e históricos. Por ello, la cuestión judía debe ser considerada desde una perspectiva histórica, sociológica y teológica; ya que, en la actualidad, todavía surgen dudas acerca de quién o qué es ser judío.

LA VERDAD INCÓMODA

La verdad natural de las cosas es la principal enemiga del ser humano. Siempre han existido un tipo específico de hombres y mujeres a los que la certeza les resulta cuanto menos incómoda. En la era del engaño, el más falso y tramposo termina gobernando sobre el resto. La verdad oficial, al gusto del consumidor, siempre se podrá prefabricar. Los censores del pensamiento saben que, cuando se libren del último pensador políticamente incorrecto, habrán terminado de ganarle la partida a la verdad. Nos jugamos mucho como para claudicar sin dar pelea. La inacción o el silencio cómplice no nos favorecen.

EL PODER DE LA SANGRE: EL DESPERTAR

«En un mundo desolado por el caos y la destrucción, por guerras inmensurables, con una sociedad decrépita y unos dirigentes corruptos; un solitario cazador es llamado a ser el adalid de una nueva era. Una aventura épica repleta de batallas y magia, en la que se confunden el bien y el mal y el orden impuesto se ve trastocado por la afilada hacha de Kerron, el Cazador, y la búsqueda de su propio destino».

EL PODER DE LA SANGRE: RESURRECCIÓN

«El Día de la Resurrección ha llegado. Los no muertos arrasan el territorio de Uldarsteir, al norte de Keltnar, guiados por el macabro Profeta de Nolt. La plaga creada por Zeildoux no conoce el miedo ni el cansancio. Sin alma ni conciencia; los resucitados se lanzan al combate, desatando la carnicería.

En el sur, la situación no es mucho mejor. La guerra asola campos y ciudades sin hacer distinción. Las tropas imperiales del Dras avanzan, sin oposición, hacia el valle de Helbon. El acero tuarnak riega las tierras conquistadas con la sangre alba de los caídos en combate. Batallas tras batalla, los ejércitos de Cronfort caen derrotados en una lucha sin cuartel, en la que el perdedor será exterminado.

Mientras tanto, Gorben y Kerron continúan sus vivencias por separado; sin saber que el destino los conduce hacia un mismo lugar».

EL PODER DE LA SANGRE: RENACER

«Antiguos y nuevos enemigos, de los que un hombre sensato se apartaría, se enfrentan en el tablero de juego que es Keltnar. Kerron cree haber enterrado su convulso pasado en lo más profundo de su desgajado corazón. Como Señor de Morderviev, gobierna el territorio de las Tierras Inmaculadas (antiguo Uldarsteir) en el nombre del Profeta de Nolt. Los habitantes de las verdes llanuras de Helbon sufren la opresión del Eterno Azul, gracias al disfraz humano que le propicia la máscara carnal de Huwon. El viaje de Gorben "el Belsisco" también está a punto de comenzar, pero no estará solo en su aventura. Illium y Agdius lo acompañan en su peregrinar hacia el Este. Y mientras tanto, en el Sur, el Imperio Tuarnak ha echado raíces en el continente de Aryn».

EL ODIO DE LOS BUENOS

Armando es uno de tantos jóvenes españoles insatisfechos y resentidos con un sistema democrático que les prometió tanto, pero que luego ha terminado arrebatándoles casi todo. Harto de malvivir con gente que lo rechaza por sus ideas y a la que tampoco llega a comprender; termina buscando una salida en la política, el fútbol y sobre todo en las peleas callejeras. Y cuanto más se va apartando de esa sociedad progresista y multicultural a la que tanto desprecia, se irá dando cuenta de que España no es país para españoles.

RACISMO, INMIGRACIÓN Y REFUGIADOS

(La gran conspiración anti-europea)

El fin de Europa se encuentra mucho más próximo de lo que algunos piensan. La vida en ciertas naciones europeas se está volviendo insoportable para los nativos. La profunda división social, religiosa y racial existente ha traído la guerra a las calles.

La soberanía nacional, la integridad territorial, la independencia económica del país y la defensa de su sangre, cultura y tradición; son temas sobre los que ya no se discute. Los enemigos de Europa han tardado centurias en arruinar el legado de nuestros antepasados, pero llegó el hombre moderno y con él cambió todo. Han bastado unas pocas décadas, de los siglos XX y XXI, para que su trabajo se haya visto culminado.

El borrado de la memoria colectiva de los pueblos, hace que Europa sea solo eso: un simple nombre, un trozo de tierra repleto de gente que no siente ningún apego por ella.

LOBOS ENJAULADOS

(Diario de un Condenado I)

En los Estados Unidos de América del siglo XXI, los blancos hemos pasado a ser los nuevos negros. Lo más indignante es que, a los Señores X como yo, nos obligan a conformarnos con las sobras que nos lanzan. Ni siquiera nos permiten defender lo poco que tenemos.

Por desgracia, formo parte de esos millones de «White Trash» a los que nuestro gobierno pone en el último lugar a la hora de acceder a los puestos de la administración o recibir la limosna pública. «Basura Blanca», nos llaman. Os imagináis la que se formaría en las calles, si en las noticias se refirieran a los afroamericanos como: «basura negra». Estad tranquilos, eso nunca pasará; no se atreverían a hacerlo.

No me llamo «Señor X», mi nombre real es Jos August Calú y ésta es mi historia.

TIERRA DE BANDAS
(Diario de un Condenado II)

Tú, sí, tú. Claro que te estoy hablando a ti, joder. ¿Ves acaso a otra persona leyendo este libro? Espabila chaval, no es tiempo de dormirse en los laureles. Como supongo que serás blanco, te diré un par de cosas. La primera. Estamos inmersos en una Guerra Racial y la vamos perdiendo. La segunda. Todavía estás a tiempo de lograr que las cosas cambien. Deja de ser un panoli, abandona tu posición de eterna víctima del sistema y defiéndete con uñas y dientes. Cuando tengas dudas, recuerda que tú eres de los buenos, que tú eres de los blancos.

¿Quién soy yo para decirte todo esto? Me presentaré. Por si todavía no lo sabes, mi nombre es Jos August Calú y ésta es la continuación de mi historia.

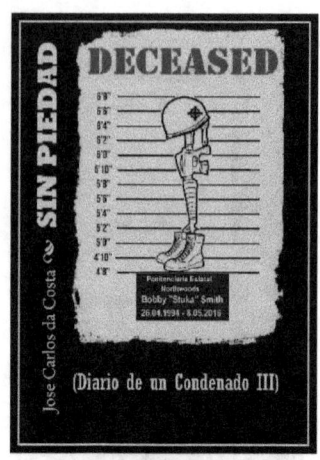

SIN PIEDAD
(Diario de un Condenado III)

Lo prometido es deuda. Son demasiadas las horas que hemos invertido juntos, como para que ahora os deje sin conocer el final de mi historia. Os anticipo que no habrá un final feliz, cuando se cierre por completo la trilogía de mi vida. El arcoíris no suele salir para la gente como yo. Tal vez, para los judíos sí, pero no para los malvados hombres blancos.

De todas formas, yo sé quién soy y eso es lo que cuenta. Mi nombre es y siempre será Jos August Calú, y éste es el final de mi historia. Éste y no otro. Recordadlo.

PERDÓN POR TODO,
MALVADO HOMBRE BLANCO

¿Los blancos somos culpables de ser blancos?

Meditadlo bien, no os precipitéis. Hemos llegado a creer que somos aquello que nos dicen que somos, aunque la realidad lo desmienta. Nuestros enemigos nos han definido como un pueblo genocida, opresor, egoísta, enfermo, explotador, materialista... ¿Acaso estos prejuicios son fruto del racismo?

Sí, aunque os sorprenda escucharlo/leerlo, el «Racismo Anti-Blanco» existe y en este libro os lo demuestro.

¿POR QUÉ ALGUNOS ESPAÑOLES ODIAN A ESPAÑA?

Algunos españoles son incapaces de ligar su propia existencia a la de España. Por lo general, el autoodio que sienten les impide soportar la carga étnico-histórica de haber nacido en, lo que para ellos es: «un infierno terrenal». Anhelan con ansiedad ser extranjeros, buscan expiar históricos pecados no cometidos, atacan con saña a la mayoría a la que pertenecen.

¿Cómo podemos explicar tan aberrante forma de actuar? ¿A qué podemos atribuirlo? ¿Quién está detrás de este lavado cerebral colectivo? ¿Beneficia a alguien dicha espiral endofoba? ¿Podrán curarse algún día los enfermos de anti españolismo? En este libro trataré de dar respuesta a estas y otras preguntas.

RAHOWA (Guerra y Caos)

Tras el amanecer del segundo día, los supervivientes del Largo Invierno Atómico fueron ganándose su espacio vital en un caótico e inhóspito mundo. ¿Cómo lo hicieron? Batallando.

El horror antecede y precede al paso de las Compañías de mercenarios del Nuevo Mundo. Fuego, acero, furia, caos y muerte son los presentes que estas aves de mal agüero llevan bajo el ala. Algunos de ellos pelean por el oro, otros por el honor y unos pocos lo hacen para evitar la desaparición de su raza.

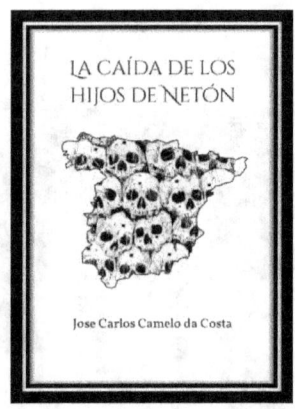

LA CAÍDA DE LOS HIJOS DE NETÓN

Las intrigas, rencillas, envidias y traiciones de la casta política española facilitaron la entrada del enemigo en la Península Ibérica. Aquellas oscuras gentes, venidas de los más recónditos lugares de Oriente Medio y el Magreb, cruzaron un Mediterráneo en calma; sin toparse con la más mínima oposición.

Los abrasadores vientos africanos del simún barrieron con fuerza y crueldad la ajada piel de toro; de Norte a Sur y de Este a Oeste. Los españoles cayeron por millones durante el primer año de la invasión. Las bombas, la radiación, las epidemias y las continuas razias de los invasores causaron, en poco tiempo, una catástrofe demográfica nunca vista en la historia de la humanidad. Los pocos nativos peninsulares que lograron escapar de aquel cruel genocidio, no tardaron en envidiar el destino de los caídos. Miedo, hambre y esclavitud; tanto para ellos como para sus hijos.

Cuatro años después, con la tierra envenenada y congelada; sobrevivir se ha vuelto aún más difícil. Invasores extranjeros y refugiados españoles vagan, sin rumbo fijo, por los yermos campos; atrapados en una terrorífica y gélida pesadilla de la que no pueden despertarse.

Sobre el autor:

Jose Carlos Camelo da Costa nació en 1985 en Rodanillo, El Bierzo. Orgulloso padre de familia, pasa su tiempo a caballo entre España y Portugal. Es el creador de la exitosa trilogía carcelaria Diario de un condenado, así como de la popular saga El Poder de la Sangre y de diversas obras políticamente incorrectas.

Pensamiento Hereje representa la continuación de su carrera como ensayista político, la cual inició con la publicación de la obra Aenigma Iudaicum: de Mesopotamia a la Tierra Prometida. Impulsado por la necesidad de dar rienda suelta a su activismo y cansado de no encontrar textos que pusieran el dedo en la llaga; Pensamiento Hereje encaja con lo que J. Carlos da Costa estaba buscando. Provocación intelectual en estado puro.

Para ponerse en contacto con el autor pueden utilizar los siguientes medios:

Blog: www.el-poderdelasangre.blogspot.com.es
Twitter: @NoSPDisidentes
Email: elpoderdelasangre@hotmail.com

www.ingramcontent.com/pod-product-compliance
Lightning Source LLC
Chambersburg PA
CBHW070706290526
45790CB00001B/466